东阳建市

30周年大事记

中共东阳市委党史研究室 编

1988-2018

方志出版社

图书在版编目(CIP)数据

东阳建市30周年大事记 / 中共东阳市委党史研究室编. — 北京：方志出版社，2018. 9

ISBN 978-7-5144-3435-4

Ⅰ. ①东… Ⅱ. ①中… Ⅲ. ①东阳-大事记-1988-2018 Ⅳ. ①K295.53

中国版本图书馆CIP数据核字（2018）第266737号

东阳建市30周年大事记

编　　者：中共东阳市委党史研究室

责任编辑：李　静

出 版 人：冀祥德

出 版 者：方志出版社

地址　北京市朝阳区潘家园东里9号（国家方志馆4层）

邮编　100021

网址　http://www.fzph.org

发　　行：方志出版社图书经销中心

电话（010）67110500

经　　销：各地新华书店

印　　刷：金华市曙光印务有限公司

开　　本：787 × 1092　1/16

印　　张：17.25

字　　数：295千字

版　　次：2018年9月第1版　2018年9月第1次印刷

印　　数：0001 ~ 2000 册

ISBN 978-7-5144-3435-4　定价：58.00 元

《东阳建市30周年大事记》编委会

编辑说明

1.为纪念东阳撤县设市30周年，中共东阳市委党史研究室组织编写《东阳建市30周年大事记》，旨在通过“大事记”的形式，真实、客观地反映东阳三十年来的发展历程和巨大变化。

2. 本书收录时限为1988年5月25日至2018年5月31日。全书随文配图、图文并茂。大事记基本采用编年体，按时间顺序逐年编写，部分事件采用纪事本末体。根据“详尽略远”“详特略同”的原则，重点收录2008年以来的大事、要事、新事、特事。

3.本书收录大事记主要依据历年《东阳年鉴》以及《人民日报》《浙江日报》《金华日报》《东阳日报》等新闻媒体资料整理而成。收录图片主要由机关部门、企事业单位及市摄影家协会提供，部分图片选自有关资料及网站，敬请作者与编辑部联系。

4.本书共收录大事条目1545条，图片277张，字数295千字。书中单位名称有全称和简称，为保留原始资料的称呼，未有改动。同一时间有多条目的，在该时间下每件大事独立成段记述，段前以“►”加以区分，时间不作重复标注；年度综合性条目，以“是年”表述。本书中“省”指浙江省，“市”指东阳市。

5.《东阳建市30周年大事记》的编辑出版，得到了全市社会各界的大力支持，在此谨表谢意。由于编辑水平有限，书中疏漏和不完善之处，恳请广大读者批评指正。

序

1988 年 5 年 25 日，国务院批准撤销东阳县，设立东阳市(县级)。由此开启了东阳历史的新纪元，东阳跨入一个快速发展的新时代。

30 年山水跋涉，披荆斩棘；30 载风雨兼程，春华秋实。值此东阳撤县设市 30 周年暨改革开放 40 周年之际，为总结回顾东阳建市 30 年来的发展历程和成就经验，中共东阳市委党史研究室(东阳市人民政府地方志办公室)组织编写了《东阳建市 30 周年大事记》，以翔实的史料勾勒出东阳 30 年的发展脉络，谱写改革开放在东阳不断深化的新篇章。

30 年赶超发展，综合实力显著增强。毫不动摇坚持以经济建设为中心，经济综合实力大幅跃升，跻身全国百强县 58 位，发展呈现出“总量大、增速快、结构优、新的发展动能已经显现”的特点。总量大，2017 年 GDP 和财政总收入超 500 亿元和 100 亿元。增速快，GDP、财政总收入分别为 1988 年的 55 倍和 128 倍。结构优，三次产业结构逐年优化，三产比重已超过二产。新的发展动能已经显现，文化旅游产业经济贡献度不断提升，新引擎的带动作用日益突出。

30 年开拓进取，三大国家级产业集聚。影视文化产业，横店从一条街变为一座城，现有 28 个拍摄基地和 31 座大型摄影棚，累计接待剧组 2100 多个，拍摄的电影占全国 1/4、电视剧占 1/3，其中古装剧占 2/3，构建了编剧、导演、拍摄、制作、发行、演员经纪、人才培养等全产业链，已成为全球规模最大的影视拍摄基地。建筑产业，现有 6 家特级企业和 67 家一级企业，累计创鲁班奖 40 只，建筑总产值连续九年蝉联全国县市首位。木雕红木产业，现有亚太地区手工艺大师 3 人、国家级工艺美术大师 11 人，从业人员 10 多万、市场 100 多万方，全都排在国家首位，“买红木到东阳”品牌进一步打响。

30 年奋力拼搏，城乡面貌焕然一新。城区规模不断扩大，从当初的向南发展，进而向西延伸、向北扩大、向东连接。基础设施日益完善，900

多条公路纵横交错于全境，金甬、诸永、东永高速公路建成通车，横店通用机场投入运行；东阳江上8座大桥如长虹卧波，两岸防洪大堤已经建成；城乡供水、供电和通信等设施不断健全，人民生活更加便利。环境革命成效显著，两度获得“大禹鼎”，成功创建国家卫生城市，横店镇成为全省首批小城镇环境综合整治样本，精品村、精品线建设扎实推进，一幅天蓝、地净、水清、山绿的美丽画卷正在东阳大地徐徐展开。

30年苦干实干，人民生活幸福蝶变。从1988年到2017年，全市城镇人均可支配收入由1067元增加到48328元，农村居民人均纯收入由717元增加到26766元，全面消除“4600现象”和省定集体经济薄弱村；全面开展危旧房治理，统筹解决安居宜居发展问题；教育水平稳定保持在全省第一梯队，高中阶段入学率达98.6%、高考一段上线率达34.1%，获评全国义务教育发展基本均衡县（市）、省教育基本现代化县（市）；有力推动县域“医共体”试点，市人民医院成为浙中地区富有影响力的医疗机构，老百姓在家门口就能享受优质的医疗服务。实现平安建设十二连冠，夺得平安金鼎。

东阳30年的历史雄辩地证明，东阳所取得的伟大成就是政府、企业、社会良性互动的结果，是历届党委政府不懈努力的结果，是全市上下同心同德，心往一处想、劲往一处使的结果，是东阳“崇文重教、精工善艺、大气包容、创新图强”的人文精神浸润的结果。

历史是未来的钥匙，时间是真理的挚友。30年的奋斗、30年的积累，在新的起点上推进东阳发展，我们心中更多了一份坚定自信，多了一份睿智从容。而立之年的东阳，面临着前所未有的发展机遇，交通枢纽形成、三大产业集聚、重点平台打造、内外东阳人互动。我们要以撤县建市30周年为契机，高举习近平新时代中国特色社会主义思想伟大旗帜，牢牢把握机遇，凝心聚力，砥砺奋进，为开创“影视旅游名城、经济文化强市、生态宜居东阳”的美好未来而努力奋斗！

金华市副市长

中共东阳市委书记

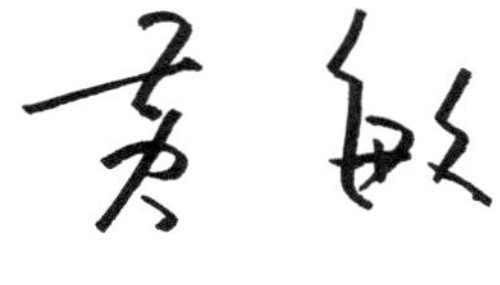

2018年8月

【目录】

1988

东阳建市 30 周年大事记

“建设桑梓　振兴中华”牌匾　（市档案馆提供）

1988 年 9 月，东阳撤县设市大会在东阳剧院召开，匾为香港浙江东阳同乡会赠送。

1988年

5月25日

国务院批准撤销东阳县，设立东阳市（县级）。9月1日，启用中共东阳市委员会、东阳市人民政府印章。9月27日，在东阳剧院举行撤县设市大会。

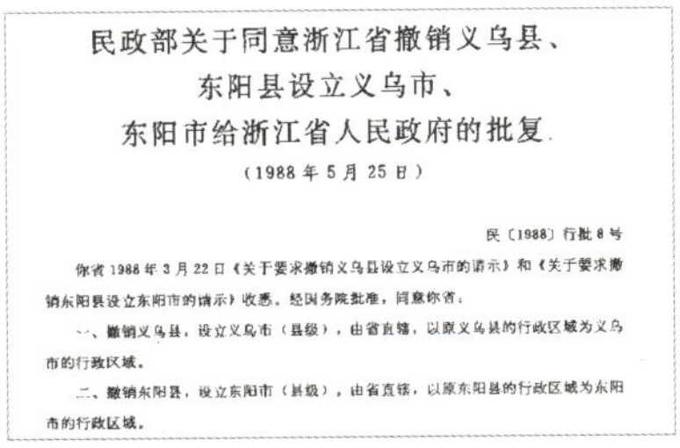

民政部关于同意浙江省撤销义乌县、
东阳县设立义乌市、
东阳市给浙江省人民政府的批复

（1988年5月25日）

民〔1988〕行批8号

你省1988年3月22日《关于要求撤销义乌县设立义乌市的请示》和《关于要求撤销东阳县设立东阳市的请示》收悉。经国务院批准，同意你省：

一、撤销义乌县，设立义乌市（县级），由省直辖，以原义乌县的行政区域为义乌市的行政区域。

二、撤销东阳县，设立东阳市（县级），由省直辖，以原东阳县的行政区域为东阳市的行政区域。

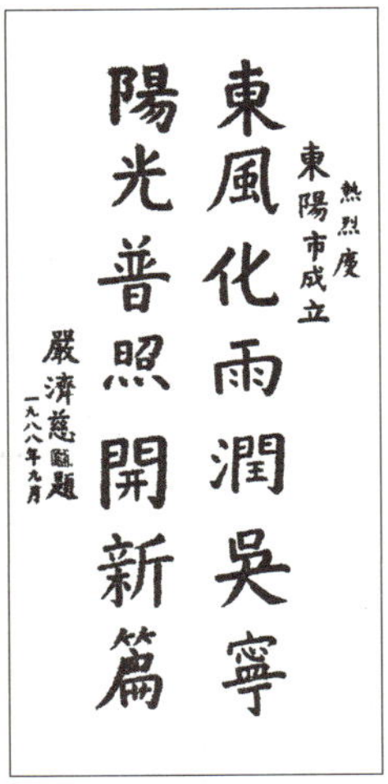

1988年9月27日，东阳举行撤县设市大会

（图片由市档案馆提供，批复来源于网络，题词来源于《浙江日报》）

5月30日

省对外经济贸易厅批准东阳进出口公司自营进出口权。7月13日，批准东阳市木雕总厂有产品自行出口权。

5月

在罗山裘家岭翠塔山发现饮用天然矿泉水1处。泉水矿化度达到30%以上，含有人体必需的锌、锶等微量元素，各项指标符合国家《饮用天然矿泉水》标准。

6月20日

八达乡公路通车，自此实现乡乡通公路。

7月

104个全民、集体企业实行劳动保险制度改革，由企业保险过渡到社会保险。

8月4日

批准建立聋哑学校。9月10日，东阳市聋哑学校开学。1996年，学校实施东阳木雕技能培训。2008年，该校与市技校、市残联合作开办中职木雕工艺班。2015年12月，改名为东阳市特殊教育学校。

2011年6月10日，东阳市聋哑学校的听障学生在木雕艺人的指导下进行木雕创作　（包康轩/摄）

8月始

土地详查。历时3年，查清政区内土地总面积174701.02公顷，土地权属面积174297.27公顷。其中：林地111406公顷，占权属总面积（下同）63.92%；耕地34476.82公顷，占19.78%；居民点及工矿用地7536.6公顷，占4.32%；园地7251.27公顷，占4.16%；水域6688.88公顷，占3.8%，未利用土地5748.13

公顷，占 3.3%；交通用地 890.32 公顷，占 0.51%；牧草地 299.2 公顷，占 0.17%。外县市插花于境内土地 403.75 公顷。

9 月 7 日

市委、市政府批转市农经委《关于推进土地适度规模经营的几点意见》，稳定和完善联产承包责任制。

9 月 19 日

吴宁东西路水泥路面铺设完工。长 3740 米、宽 26 米。绿化、供电、供水、电信、下水道设施配套。

吴宁东路　（图片来源于《东阳市志》）

9 月 23 日 ~ 30 日

市政府印发《东阳市乡镇企业股份制试点办法》《东阳市乡镇企业产权有偿转让（拍卖）试行办法》《东阳市乡镇企业租赁经营试行办法》。至年末，全市乡镇企业拍卖 94 家，租赁 39 家，改股份制 7 家，风险抵押承包 55 家，完善承包制 121 家。

10 月 11 日

市劳务人才市场开放，交流、调剂市内职工，组织劳务输出。

10 月 11 日 ~ 13 日

中国传统工艺应用于现代建筑研讨会在东阳木雕总厂召开，国内外 30 余名专家研讨传统工艺在建筑中的运用。

10 月 15 日

5 月获批开辟的南江乡黄藤岩旅游风景区对外开放。

黄藤岩旅游风景区　（黄策民 / 摄）

12月1日

市委、市政府印发《关于今冬明春开展严厉打击严重刑事犯罪、严重经济犯罪活动斗争的实施意见》，提出为治理、整顿、改革创造良好的社会环境。

12月

首届中国食品博览会上，市火腿厂生产的东岘牌特级蒋腿、金华牌火腿切片小包装获金牌奖，东岘牌腿心肉获铜牌奖。

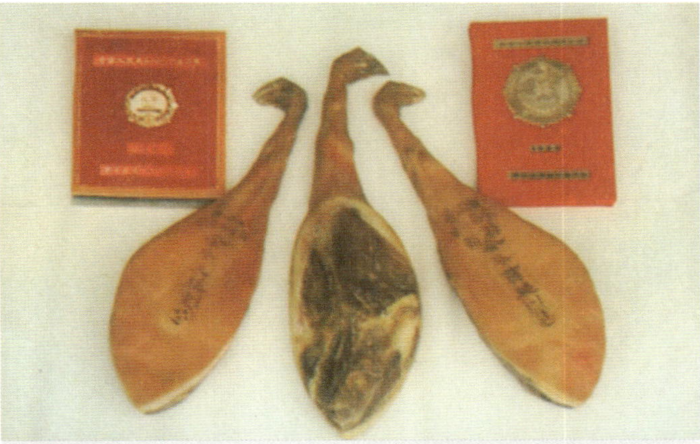

东岘牌特级蒋腿　（图片来源于《东阳市志》）

是年

▶国家工商行政管理局命名千祥中药材市场为全国文明市场。

千祥中药材市场　（丁星华/摄）

▶台州至牌头220千伏过境输电线路建成。境内长38.5千米。

▶东阳市列为全省粮食作物高产模式栽培重点县（市）之一。

1989

东阳建市 30 周年大事记

撤县设市后的东阳城区。

1989年

3月7日

吴宁镇西郊办事处杨大坞村民吴樟仙到台湾探视生病的父亲，是台湾放开大陆民众到台湾探亲、探病和奔丧后东阳市到台湾的第一人。

4月

在千祥、青联、南上湖、横店等乡镇实施飞机防治松毛虫6160公顷，飞行28架次，投资5.44万元，防治有效率93.58%。

5月8日

市委、市政府举行庆祝东阳市解放四十周年纪念大会。

5月15日

市政府制定《东阳市实施九年制义务教育规划（试行稿）》，至1993年全市所有乡镇实施。东阳市为全国首批“普九”“扫盲”县市之一。

5月

市邮电局dd16长途自动拨号电话开通。9月末，市内自动电话扩容1000门。

6月12日

自1966年10月停止活动的东阳市工商业联合会恢复。

6月

历时两年施工的南午岭降坡工程告竣。总投资47万元，开挖土石方6.5万余立方米，岭巅降低10米。公路截弯取直，路基拓宽至8.5米。

7月23日

凌晨2点特大暴雨，6个小时降雨207毫米。受灾37.8万人，其中无家可归1.1万人，死亡21人；倒塌房屋18493间，损坏房屋2万余间；淹死牲畜近万头；成灾农田8546.67公顷，其中绝收2206.67公顷；冲毁各种水利设施2881处；毁坏公路路基34处（23.95千米），大型塌方5处，冲垮10米以上公路桥8座，致使杭温、金甬公路及市内主要公路干线交通受阻；倾倒输电线杆564根，淹没和冲毁变压器55台，28条线路被迫停电；市自来水厂预沉池受污染，无法供水；148家工厂企业因灾停产停业。灾害造成直接经济损失2.85

亿元，减产粮食8000万千克。特大洪水后，92.9%的乡镇钩端螺旋体病暴发性流行，罗屏、横店、槐堂、吴宁等乡镇为重疫区。发病1387人，死亡7人。省、金华市医疗队支援防疫，半个月内疫情得以控制。

7月23日，洪水中的横店镇　（横店集团档案馆提供）

7月23日，千祥镇邮电局对面的电镀厂被淹没　（丁星华/摄）

7月23日，洪水中的千祥镇油石厂　（丁星华/摄）

南马镇泉府村水淹照　（方龙飞/摄）

8月14日

以维塔尼为团长的国际红十字会和红新月会救灾备灾访华团到东阳市考察“7·23”洪水灾情，慰问灾民。

8月

吴宁财税所被评为全国税务系统先进集体。

9月

市委组织部王新中、吴宁三校陈云仙分别被评为全国优秀党务工作者和全国先进工作者。

10月11日

吴宁一校吴超被评为“全国十佳少先队员”。

10月15日

市委、市政府设立突出贡献奖，对确定为高级拔尖人才的，授予“东阳市专业技术拔尖人才”称号，给予荣誉证书和奖金500元。

10月19日

市区东门半封闭式室内菜场改建工程告竣并开业，总投资103万元，占地4342平方米，建筑面积4862平方米，设固定摊位517个。被评为1989～1990年度全国文明集贸市场。

东门菜场 [图片来源于《东阳年鉴(1989～1995)》]

11 月 16 日

投资 80 万元的东阳市体育场建成。

东阳市体育场　　（图片来源于《东阳市志》）

11 月

开展国土规划。1991 年 5 月 13 日，《东阳市国土总体规划》通过省国土办专家组审查，并完成 8 个专题规划。

12 月

西湖国际食品博览会上，市火腿厂生产的“东岘牌金华蒋腿”获金杯奖，“金华牌火腿切片小包装”“东岘牌腿心肉”获银杯奖。

是年

▶市土地管理局被评为全国土地监察先进单位。

▶市玉米研究所培育出全省第一个超甜玉米杂交种“浙甜 1 号”。

1990

东阳建市 30 周年大事记

1990 年 9 月 15 日，南江水库加固扩建工程破土动工。1996 年 5 月 28 日，南江水库加固扩建工程举行竣工典礼。

1990年

1月18日

市、乡（镇）两级党代会、人代会开展换届选举工作。3月末，乡镇换届基本结束。

1月21日

中央电视台在特别节目《看今朝》播出东阳木雕、竹编、元宵、灯彩、老年文化、农民作家楼等文化新闻。

3月23日

省水电建筑机械厂工人在拆卸吴宁东路建工大楼顶层塔吊时，因违反操作规程，违章指挥，造成9人坠落，其中6人死亡，2人重伤。

3月16日～20日

召开市第九次党代表大会，选举产生东阳市第九届委员会，九届一次全会选举李成昌为中共东阳市委书记。

3月

市政府制订“八五”计划期间实施吨粮田工程规划（三季亩产1000千克，抗旱能力70天，三天内降雨量300～350毫米不成灾，土壤有机质含量3%左右，实行连片种植）。

4月15日

东阳影城在吴宁东路落成开业。总投资300余万元，建筑面积3178平方米。原位于南街的人民电影院于9月1日停业拆除。

4月16日～20日

政协东阳市第八届委员会第一次会议召开，选举陆锡经为政协第八届东阳市委员会主席。

东阳影城　（许秀成/摄）

4月17日~22日

召开东阳市第九届人民代表大会第一次会议，选举徐子明为东阳市人大常委会主任，童德成为东阳市人民政府市长。

5月

东阳籍旅台同胞、台湾联合报系创办人王惕吾捐款兴建市急救中心、巍山医院、巍山镇初中、东中体育馆及师生宿舍、王村光小学及王村光——巍山、王村光——白坦、王村光——歌山公路，同时建立王惕吾奖学基金会。1991年，巍山镇初中建成。1992年10月19日，东阳中学体育馆举行落成典礼。1993年4月3日，东阳市急救中心和农村综合性医院巍山医院建成开业。1995年，王惕吾捐赠1600万元，建造东阳中学综合教学楼和东阳图书馆。1989~1995年，在台湾的东阳籍同胞捐赠资金约1.6亿元。王惕吾捐资1065万美元，2708万元港币，1750余万元人民币。

东阳市人民医院急救中心
（图片来源于《东阳市志》）

王惕吾捐资兴建巍山镇中学落成暨开学典礼 （市档案馆提供）

5月25日

日本枥木市总务部长川上昭三率友好访问团一行7人到东阳市参观访问。

6月14日

金华市人民政府批准东阳市城市总体规划。总体规划要求，把东阳市建设成轻型工业城市。城区范围由39平方千米扩大至72平方千米，1995年人口规模达到8万人，2000年达到10万人，2010年达到15万人。

6月始

18个山区乡，先后完善林业生产责任制。6月13日~7月4日，八达乡进行完善林业生产责任制试点；9月，其余17个山区乡全面展开；10月底检查验收。

7月

浙江省政协原副主席、东阳籍水利专家吴又新在杭州市逝世。吴又新曾任中国农工民主党浙江省委常委、副主席及中央委员、常委；浙江水利学会理事长、中国水利学会理事。历任全国第三、五届人大代表；浙江省第一、二届政协常委，第四、五、六届政协副主席。

8月10日

省首条文明营运线——永康至东阳文明营运线开通，该条营运线全长55.28千米。

8月11日

美国东方国际企业集团和东阳木雕总厂首次联合举办“中国东阳木雕系列产品展销会”在美国纽约市开幕。展销会展期15天，展品有樟木箱、红木家具、壁挂、台屏、咖啡台、啤酒柜、美式写字台等500余件。

8月19日

东阳木雕总厂为亚运会制作的首批雕刻木盒纪念品运往北京市，该批纪念品以熊猫为主题，以云花、龙竹等图案为衬托。

《合欢熊猫》（张所照提供）

8月

由东阳竹编厂8名工艺师和技师合作，用1毫米粗的细篾丝编就，长2.1米、宽1.1米、高1.7米，造型大小同真熊猫相仿，耗时6个月制作的大型竹编《合欢熊猫》运送北京，参加9月1日开幕的亚运会艺术节展出。

9月15日

1990年9月15日，南江水库加固扩建工程开工典礼

（市档案馆提供）

南江水库加固扩建工程破土动工。1992年7月20日，南江水库扩建电站并网发电，增机1台，装机容量从2500千瓦增加到4500千瓦。1996年5月28日，南江水库加固扩建工程举行竣工典礼。扩建后大坝由39.8米升高到50

1992 年 2 月 21 日，用人字扒杆吊运旧闸　　　（市档案馆提供）

1992 年 7 月，6# 坝段挑鼻坎立模（市档案馆提供）

1992 年 7 月 20 日，南江水电站增容机组并网发电大会　（市档案馆提供）

1996 年 5 月 28 日，南江水库加固扩建工程竣工典礼
（市档案馆提供）

米，总库容由7415万立方米增加到11676万立方米，规模从中型水库升到大(2)型水库。新增2000千瓦水轮发电机组1台，完成干渠、分干渠防渗加固工程216千米，灌溉面积由原来的5333.33公顷增加到7133.33公顷。总投资5050.3万元。

9月17日

苏联中央古城综合改造设计研究院访华团一行5人到东阳市考察建筑劳务市场，与东阳三建公司在劳务输出方面达成合作意向书。

9月21日

八面山电视转播台建成开播。10频道50V发射机，覆盖面积约380平方千米。

9月

▶完成森林防火无线电通讯一级组网。电台设市林业局。

▶在卢宅建造长途汽车客运站（东站），1993年6月8日建成，9月1日投入营运。占地20646.46平方米，建筑面积5533.72平方米。建有可容500人的候车室、售票室和办公用房等设施，停车场面积1.2万平方米，可停放汽车180辆，总投资600余万元，客车东西分流。

东阳市长途汽车客运站(东站)　[图片来源于《东阳年鉴(1989～1995)》]

10月3日

东阳籍运动员马苗兰在第十一届亚洲运动会上，以6231分的成绩，获女子七项全能冠军。10月25日，东阳市举办为马苗兰庆功暨体育表彰大会。

运动员马苗兰(前排中)步入会场　(市档案馆提供)

10月4日

东阳市总商会成立。

10月14日

东阳木雕获1990年中国旅游购物节天马银奖。

10月

浙江横店企业集团公司组建。集团在横店镇工业总公司的基础上组建，是浙江省第一家乡镇企业集团。

11月16日

发布《东阳市统计局关于1990年人口普查主要数字的公报》。全国第四次人口普查标准时间为1990年7月1日0时，普查项目21项。

11月

▶东阳市被列为省杉木商品材基地市。

▶东阳化工厂获准升为国家中型企业，被评为全国国防化工生产先进集体。

是年

▶市老年人体育协会被评为“全国群众体育先进集体”。

▶东阳市被列为省5个卫星电视教育试点县(市)之一，批准成立东阳市教育电视台。1990年7月，建成高45米的发射塔并试播成功。1991年1月28日，教育电视台建成开播。

1991

东阳建市30周年大事记

东阳商城

（图片来源于《东阳市志》）

1991年11月16日，东阳商城开业。

1991 年

1 月 8 日 ~ 10 日

市婺剧团到北京市，在纪念徽班进京二百周年、振兴京剧观摩研讨会上演出传统折子戏《三打王英》(徽腔)。《三打王英》是婺剧徽戏传统剧目《探阳》中的一折。在剧中扮演主角的是王文龙、王文俊兄弟，工花脸的王文龙饰姚刚，工武生的王文俊饰王英。

《三打王英》演出图　　（东阳婺剧演出公司提供）

1 月 13 日

市实验小学与日本枥木市千坡小学结成友好学校。1996 年 10 月 14 日，日本枥木市教育访问团一行 6 人访问市实验小学。

东阳市实验小学　　（黄刚 / 摄）

1 月 18 日

由市建安公司承建的上海宝山永清新村分菜场工程被评为上海市"白玉兰杯"优质工程，是市建筑企业首次获得上海建筑行业最高荣誉奖。

1月27日

东阳籍微生物学专家施有光逝世。施有光，字庭昌，1905年10月生于浙江省东阳县湖溪乡田心村，1991年1月27日卒于浙江省杭州市。施有光是中国最早开始系统研究青霉和曲霉菌分类的科学家。抗日战争时期，施有光担任四川内江酒精厂厂长，为资源委员会提供用于抗战的酒精。他较早地将国外先进的发酵理论、发酵技术和工艺写进大学教材。

1月

市委统战部旭文编著的《邵飘萍传略》由北京师范学院出版社出版。

2月25日～26日

省委副书记、代省长葛洪升到东阳市考察，并到佐村镇里村（省长绿化点）参加植树劳动。

3月14日

市电子器材一厂生产的JK603D型25瓦、50瓦多功能收放扩音机，获全国家用新技术新产品金奖。

3月22日

国务院批准东阳市列入"八五"期间全国第2批200个农村水电初级电气化建设市。市政府设立专门委员会负责组织实施。

4月1日

东华杯全国男篮精英赛在东阳市举行。辽宁队获冠军，南京部队队、河北队和浙江队分别获第二名、第三名、第四名。

4月1日～5日

东阳市第九届人民代表大会第二次会议召开，会议审议并通过《东阳市国民经济和社会发展十年规划和"八五"计划纲要》。4月24日 东阳市人民政府印发实施《东阳市国民经济和社会发展十年规划和"八五"计划纲要》。

4月8日

省委书记李泽民到东阳市横店集团考察，指出企业要把握发展重点，上档次上台阶，要鼓励各种人才到乡镇企业工作。

4月10日

经省政府批准，由台胞卢培新个人投资的东阳第一家台商独资企业——浙江客升工艺品有限公司成立。

4月26日

蔡希陶铜像在市青少年宫落成揭幕。2009年，市青少年宫拆除，铜像封存与仓库，后被借至虎鹿镇蔡宅村史馆存放。

蔡希陶铜像　（图片来源于《摇落的风情》）

4月29日

徐文荣、楼忠福、徐步高应邀到北京市参加全国优秀企业家“五一”联谊会，并参加1991年度全国企业家百星评选活动。

4月

担负市民用爆炸物品安全管理的组织——东阳市民用爆炸物品管理协会成立。

5月1日

美国、日本、法国、德国、澳大利亚、加拿大6国24名专家学者到东阳市参观考察科技、文教、城建及工农业情况。

5月29日

市委印发《关于利用中共东阳“一大”会址进行革命传统教育的决定》。6月29日，中共东阳县“一大”会址纪念亭举行落成典礼。

中共东阳县“一大”会址纪念亭　（许秀成／摄）

6月12日

苏联海参崴市副市长伊万率团考察东阳市，洽谈东阳市建筑劳务输出事宜。

6月

省政府认定并追认1933年12月牺牲的中共东阳党组织创始人之一、中国工农红军第一方面军一军团二师政委胡何林(胡侠民)为革命烈士。

8月8日

市庄稼中心医院建成开业。

8月15日

市木雕总厂承建的龙船在上海船厂竣工下水。船长38米、宽12米,为两层楼台亭阁结构,被誉为当时罕见的木雕水上龙宫。

8月29日

共青团中央、国家教委批准南上湖中学为全国中学生实践活动示范乡校。

9月1日

市邮电局开通无线电寻呼业务。15日,市邮电局公众传真业务开通营业。

9月9日

横店邮电局电话自动计费及长途直拨设备投入运行。

9月18日

东阳亭塘至诸暨岭北周公路竣工通车,该路段全长20千米。

10月12日

▶中央新闻纪录电影制片厂到东阳市拍摄以工艺美术、建筑、教育为题材的纪录片《东阳三乡》。

▶中央电视台新闻联播《振兴之路》栏目播出东阳市改革开放取得的成就。

10月21日

南马呢绒服装市场建成开业。

10月25日~26日

日本竹中木工道具馆冲本弘主席研究员和土屋安见学艺员到东阳市考察访问。

10月30日

市政府印发《东阳市关于鼓励外商投资的若干规定》。

11月7日

市公共交通公司成立。10月18日,首条公交班线(塘西至十里头)开通,3辆大客定时发运。

11月8日

市人民路竣工。

11月13日

东阳生产资料市场建成开业。

11月16日

东阳商城落成开业。占地面积23411.7平方米,建筑面积21170平方米,总投资850万元。

11月16日~20日

东阳市首届工艺美术节在吴宁镇举行。应邀来宾1900余人,商品成交额2.7亿元。全国人大常委会副委员长严济慈出席开幕式。11月16日,举行大型文艺表演、文艺踩街活动。

11月16日,在东阳剧院召开东阳市首届工艺美术节开幕式　　(市档案馆提供)

12月3日

金华市第一家由农民集资建成的大型图书馆——东阳市横店镇上城村"万册图书馆"举行开馆仪式。

是年

▶首次实现市财政年收入超亿元。

▶市磁性二厂r25磁钢在全国行业评比中获总分第2名。

1992

东阳建市30周年大事记

1992年10月12日，37省道东长公路巍山——长乐段改造工程启动，1994年12月竣工通车。白峰岭隧道是其控制工程。

1992 年

1 月 18 日

巍山镇 2000 门纵横制自动电话割接开通。

1 月 29 日

省委书记李泽明到东阳市考察。

2 月 18 日

省委副书记、省长葛洪升考察横店乡镇企业。

2 月 28 日

东阳市第九届人大常委会第十三次会议通过审议，命名樟树为市树，月季为市花。

市区环城北路和中山路交叉口樟树群　（吴立新 / 摄）

巍山镇古渊头村古樟树　（胡扬辉 / 摄）

①六石街道张麻车村月季　（许秀成 / 摄）

②东阳江镇白水口村月季　（吴立新 / 摄）

2月

东阳市“摄影楼”授牌剪彩。这是东阳市农民创建“文化楼”“作家楼”“育才楼”“繁花楼”“记者楼”“雕花楼”后的第七座艺术楼。市文联倡导的“21世纪东阳市文化艺术系列楼群”形成。

3月4日

市政府批转市公安局《关于在全市范围内开展一场打击流氓恶势力专项治理的报告》。该专项治理侦破案件200余起，摧毁重大犯罪团伙9个。

3月17日

冯家楼220千伏东阳变电所竣工。主变容量15万千伏安。7月6日，投入营运。

3月24日

国家工商行政管理局、人事部授予东阳市工商行政管理局“全国工商行政管理系统先进集体”称号。

3月

市木雕工艺美术厂完成自行设计和制作的一条高3.3米、宽1.1米、长4.5米的龙船，是当时浙江省最大的一条木雕工艺龙船。

工艺龙船　　（图片来源于《浙江日报》）

4月1日

实行粮食购销同价。

4月7日

义（乌）东（阳）公路吴宁镇——青口段，按二级公路拓宽工程方案通过会审，组织开工。

5月1日～25日

中央新闻纪录电影制片厂在横店镇拍摄《横店钟声》新闻纪录片，9月18日，在东阳市举行首映式。

5月5日

▶市国有土地有偿使用实施办法出台。

▶6月30日、8月25日、9月2日、9月10日分别拍卖人民路北段、白云针织绣服街国有土地112幅、8841.39平方米。

▶东阳代理处发行金华市信托投资公司首期推出的1000万元投资基金。

5月13日

调整行政区划，撤区扩镇并乡，全市设置吴宁、六石、李宅、北江、怀鲁、巍山、虎鹿、佐村、东阳江、湖溪、横店、马宅、三联、千祥、防军、南马、大联、黄田畈18个镇和上卢、歌山、上村、宅口、三单、八达、郭宅、画水8个乡。

5月17日

市邮电局首期开通2000门程控电话。

5月30日

全国市长协会成员百余人参观东阳商城。

6月2日

市政府印发《东阳市机关、企事业单位干部和专业技术人员到乡镇企业工作若干办法》，鼓励干部到乡镇企业发展。

6月3日

浙江省第一家以建筑企业为主体，集建筑设计、施工、房地产开发、建材和建筑机械生产经营于一体的企业集团——浙江广厦建筑企业集团公司成立。

6月15日

上海铁路局、杭州铁路局等单位工程技术人员对义(乌)东(阳)铁路进行可行性考察和论证。

7月3日

开始办理照顾进城从事第二、三产业农民农转非的户口工作。

7月12日

金佛庄烈士生平事迹大型画展在横店镇展出，75幅画作反映金佛庄烈士的一生。

9月8日

市政府制定《东阳市城镇住房制度改革实施方案》《东阳市公有住房提租及租金管理办法》等9个配套政策性文件。10月，《东阳市城镇住房制度改革实施方案》经省政府批准，东阳市是省内第4个获得批准的城市。东阳市作为省城镇住房改革试点县市之一，开始实施房改。

9月19日

市委决定建立东阳经济开发区，同时建立开发区管委会。

9月21日

王惕吾捐资举办的首届东阳农民技术培训班在浙江农业大学举行开学

典礼。王惕吾捐赠 23.8 万美元，将东阳市农民技术人员送往浙江农业大学培训，1992～1994 年，培训 711 人。

9 月 30 日

东阳市第一届运动会开幕，12 月 10 日闭幕。25 个乡镇、19 个系统（部门）的 1841 名领队、教练、运动员参加，进行田径、乒乓球、中国象棋、围棋、羽毛球、大众体育、篮球 7 个项目的比赛。至 2018 年共举办 7 届。

9 月

市交通局被评为全国交通管理先进单位。

10 月 12 日

37 省道东长公路巍山——长乐段改造工程启动，全长 16.1 千米，二级加宽 18 米，总投资 3600 万元，1994 年 12 月竣工通车。白峰岭隧道是其控制工程，全长 690 米，于 1994 年 1 月 5 日贯通。

10 月 18 日～20 日

东阳中学八十周年校庆暨东阳科技兴市恳谈会举行，全国人大常委会副委员长严济慈参加。举行东阳中学体育馆落成典礼。举行北伐名将金佛庄烈士纪念碑揭幕仪式，“金佛庄烈士纪念碑”八个字由聂荣臻元帅生前题写。

10 月 18 日，全国人大常委会副委员长严济慈（前排中）参加东阳中学建校八十周年庆典（孙蔚萍 / 摄）

10 月 18 日，举行金佛庄烈士纪念碑揭幕仪式　（孙蔚萍 / 摄）

11 月

▶国家工商行政管理局命名东阳市生产资料市场为 1991 至 1992 年全国文明集贸市场。

▶东阳市精制茶厂生产的“骆驼牌”特质珍眉绿茶获 1992 年比利时第 31 届世界优质食品博览会金奖。

12 月

东阳市被省政府命名为基本控制地甲病（地方性甲状腺肿）县（市）。

是年

吴宁镇西庄村针织加工年产值 1.2 亿元，成为金华市第一个亿元村。

1993

东阳建市30周年大事记

1993年4月21日，横锦水库引水工程总体设计规划通过可行性论证。1994年4月1日开工建设，1995年10月18日试通水。

1993年

1月1日

市委机关报《东阳报》复刊。《东阳报》四开四版，每周2期。2001年1月1日，《东阳报》改办对开四版大报，改称《东阳日报》，周末八版彩报，编入国内统一刊号。东阳报社更名为东阳日报社。

1月8日

▶市水厂日供水3万~6万吨第一期扩建工程竣工通水。

▶位于市西大门的白云工贸区受让国有土地使用权的市永灵电子总公司、工艺美术公司、白云工贸区文化娱乐中心和西郊公园等12个单位和配套设施举行奠基仪式。

▶东阳政治工作者协会、政工师协会成立，为全国首家。

1月14日

横店集团总裁徐文荣在浙江省第八届人民代表大会第一次会议上当选为第八届全国人大代表。

2月9日

市政府印发《关于西街西门街拆迁补偿办法》，部署西街西门街拆建工作。6月1日，街面建设开工。

3月1日

国务院经贸办批准横店工业总公司更名为横店集团公司，并以横店集团公司为核心企业组建横店集团，是全国经国务院经贸办公室批准的首家乡镇企业集团。

3月6日

横店镇投资1200万元，动工兴建当时省乡镇级规模最大，功能最全的文化娱乐城。至1995年，投资3亿余元兴建度假村、文化村、天堂村和民俗村等旅游风景点。1995年竣工的娱乐村，内有影剧院、体育馆、游泳池和儿童游乐场等文体娱乐设施。

3月22日

市政府颁发《东阳市关于残疾人优惠政策的若干规定》。该规定有十八条，自颁发之日起执行，内容为维护残疾人合法权益，妥善解决残疾人劳动就业、生活、教育、医疗等问题。

3月

重建东街1号市机关办公大楼，建筑面积11000平方米，投资1496万元，1995年8月25日竣工通过验收。

4月3日～5日

市春季招商会在东城宾馆举行。美国、日本、新加坡及中国香港、台湾、北京、上海、杭州的100余名客商应邀参加。与外商签订意向书10项，总投资2046.1万美元，协议利用外资818万美元。

4月7日

东阳市会计师事务所开业，是省财政厅批准的全民事业单位，由注册会计师、会计师及有关专业技术人员组成，具有法人资格，依法独立承办注册会计师业务。

4月10日

《东阳当代人物》第一辑由同济大学出版社出版。该书辑录具有高级职称的知识分子和地(市)级党、政、军正职以上东阳籍人士1118人，辑录时间范围为1911年至1992年3月。

4月18日

经省工商行政管理局批准，东阳市缝纫设备有限公司与天津、上海、江苏、杭州等地23家企业联合组建的省内首家私营企业集团——浙江广胜集团公司成立。

4月19日～23日

国际马铃薯中心亚太地区马铃薯、甘薯合作研究协作网负责人普来恩博士(英国籍)到东阳市考察红壤、黄壤旱地耕作制度和甘薯生产情况。

4月20日

东方红水库地段发生一起车载14人的三轮卡车避让不当导致该车翻入水深约15米的水库的特大交通事故。事故造成至少5人死亡，9人受伤。

4月21日

日供水25万吨的横锦水库引水工程总体设计规划通过可行性论证。工程于1994年4月1日开工，1995年10月18日试通水。引水工程全长22.8千米，流经东阳江、歌山、北江、李宅、吴宁等镇。除直接向市区供水外，沿途向北江、李宅两镇和吴宁镇东郊供水。1996年1月19日，横锦水库引（供）水入城工程通水。1996年7月2日，举行横锦水库引水入城暨自来水厂日供水10万吨扩建工程竣工典礼。

横锦水库引水工程建设，建设者正在架设河渡桥
（郭承洪/摄）

4月29日

国务院发展研究中心、《光明日报》《经济日报》等单位在北京钓鱼台国宾馆联合举办横店集团之路——“横店模式”研讨会。全国人大常委会副委员长卢嘉锡、国务委员陈俊生和严济慈、袁宝华等参加会议。

4月29日，出席“横店模式”研讨会的全国人大常委会副委员长卢嘉锡（前排左一）、严济慈（前排中）
（市委党史研究室提供）

5月3日

市首家共青团实体——市华夏经贸公司在青少年宫成立。是一家集体所有制企业，主要经营工艺品、花木批发、装潢装饰品加工、技术培训、科技咨询、劳务介绍等业务。

5月10日

由浙江广厦集团股份有限公司和市文化局主办的“东阳小姐”大奖赛在市剧院揭晓，第一名至第十名冠以“东阳小姐”称号，李晓获冠军，沈丹、杜晓宇分获亚军、季军。

5月16日

全国人大常委会副委员长陈慕华等一行8人到东阳市视察。

5月16日，全国人大常委会副委员长陈慕华视察东阳木雕精品馆

（市委党史研究室提供）

5月20日

市邮电局开办国际、国内特快专递邮件业务。

6月10日

市委、市政府印发《关于加快发展个体私营经济的决定》，放宽政策，把发展个体经济、私营经济作为新的经济增长点。

6月12日

美国罗伯特教授为首的“中国社会考察团”一行10人考察东阳市的历史和文化。

6月18日～19日

18日8时至19日8时，全市降雨量134毫米，横锦、南江、东方红3座大中型水库超过控制水位而泄洪，4个镇乡25个村受淹农田600余公顷，成灾面积133余公顷，部分房屋倒塌，桥梁、水利设施被冲毁。

6月22日

全国建筑行业首家规范化股份制试点企业——浙江广厦建筑集团股份有限公司成立。

6月28日

召开市集资建房会议。35个系统代表抽签决定各系统建房位置，定位建房1558户，其中垂直式120平方米1044户，平面式100平方米367户、80平方米147户。

7月7日

在北京市召开的国家社会发展综合实验区协调领导小组会议宣布，将全国7家单位列为国家社会发展综合实验区，浙江省有3家，东阳市横店镇位列其中。8月6日，横店镇“国家社会发展综合实验区”挂牌。

“国家社会发展综合实验区”奖牌

（横店集团档案馆提供）

7月18日

市政府发布《东阳市企业职工基本养老金计发试行办法》《东阳市职工基本养老保险基金统筹暂行办法》《东阳市职工工伤社会保险暂行办法》《东阳市女职工生育基金统筹暂行办法》。7月30日，在市剧院召开改革企业职工基本养老金计发办法实施大会。东阳市改革职工基本养老保险制度，确定基本养老金新的计发办法。新办法按照国家、企业、个人三方面共同负担的原则，由基础养老金、缴费养老金和各项物价生活补贴组成，并建立调整机制，使离退休职工能够分享到社会经济发展的新成果。

7月29日

花园工贸集团公司成立，为全省首家村级集团公司。

8月9日~10日

金（华）甬（宁波）铁路建设前期工作第一次会议在东阳市召开。宁波、绍兴、鄞县、奉化、新昌、嵊县、东阳、义乌等县市政府领导和计委领导参加会议。初步探讨线路走向、里程、可行性研究、费用承担等问题，达成“会议纪要”。

8月16日

东阳市农村土地调整工作进入具体实施阶段。1993年是东阳市第一轮土地承包到期年，加上道路、工业等建设用地需要，全市1233个行政村中有600个行政村亟须对原有土地承包关系进行调整完善。

8月18日

▶浙江省交通系统首家组建的联合企业——浙江顺风交通集团成立大会在市剧院召开。

▶由中国电视艺术研究中心、东阳木雕总厂联合摄制的反映东阳木雕文化电视连续剧《雕花王》在艺海宾馆举行东阳点开拍仪式。该剧以列入全国工艺美术名艺人史册第6名、东阳木雕总厂创始人之一的杜云松为生活原型，展现近百年中国木雕艺术发展的坎坷历程。1994年1月17日，11集电视连续剧《雕花王》在东阳木雕总厂成立40周年之际首映。

8月27日

市政府发布《东阳市城市管理实施办法(试行)》，自发布之日起执行。

9月24日

马苗兰在全国七运会上获女子七项全能冠军和女子跳远冠军。10月省政府举行表彰大会，马苗兰被记二等功。

9月28日

万门程控电话割接开通，淘汰了较落后的纵横制自动电话。1992年5月首次引进开通上海贝尔公司S-1240程控交换机2000门，1993年8月引进8000门。

9月29日

毁于1989年"7·23"洪灾的湖溪清济桥重建工程举行奠基仪式。1995年1月1日竣工通车。

9月30日

市政府批准成立东阳市人民医院(急救中心)、巍山医院董事会。直接任命院长，实行董事会领导下的院长负责制。

9月

省道杭温公路东阳至永康二线开工兴建。东永二线公路建设工程是浙江省首批"四自"工程项目。1996年7月27日，东永二线公路东阳境段改建工程通过验收，全长32.07千米。

10月15日

省委书记李泽民考察市急救中心、巍山医院和巍山中学。

10月25日

市拍卖市场管理委员会和拍卖商行成立。东阳市拍卖商行由市物价局和工商局联合组建，是市政府指定拍卖公物的法人企业，1998年12月，按《中华人民共和国拍卖法》要求规范为东阳市光大拍卖有限公司。

11月5日

省林业厅、省林业技术开发服务中心领导、专家一行5人考察市发展青枣基地项目。东阳有青枣基地800公顷。

11月16日～18日

全国男篮精英赛在横店东磁企业集团灯光球场举行。北京队、八一队、南京部队队和浙江队参赛。

12月8日

吴宁镇花园西门新村农户陈江跃挖地基掘出一只中唐时期的古陶瓶。陶瓶浅黄色，高40厘米，瓶口直径13厘米，瓶颈7.5厘米，瓶底10厘米，瓶肚直径24厘米，厚0.3厘米。古陶瓶的发现为研究东阳中唐时期的文化提供宝贵资料。

12月20日

市电信局、横店两个移动电话基站建成开通，有发讯信道30个。1993年，发展移动电话（大哥大）用户96户。

12月23日

市委、市政府举行《东阳市志》首发式暨修志工作表彰会。《东阳市志》上溯事物发端，下迄1988年末，37卷，120万字，上海汉语大词典出版社出版。该书获中国地方志奖二等奖、浙江省社科成果奖三等奖、金华市社科成果奖一等奖。

《东阳市志》（市委党史研究室提供）

是年

市人民医院通过二级甲等综合性医院评审。2000年7月，通过三级乙等医院和省文明医院评审。2004年11月，通过三级乙等医院复评。

1994

白云文化城 （吴立新/摄）

1994年8月10日，白云山旅游开发区设计方案出台，年末开工建设。1997年1月30日，举行白云文化城开放典礼。

1994年

1月5日

东阳市为建筑业设立五项大奖,分别为:规模效益奖、高层建筑奖、名牌工程奖、质量优胜奖、引进人才奖。

2月16日

由浙江广厦集团公司主办的汇黄梅戏、越剧、歌剧及杂技魔术于一体的大型文艺节目在东阳剧院演出。著名歌星毛阿敏和安徽黄梅戏剧院、省小百花越剧团、杭州歌舞团联袂登台演出。

2月26日

市政府印发《1994~1996年东阳市党政机关、企事业单位工作人员捐赠人民教育基金办法》。各级党政机关、人民团体、事业单位干部、职工按当年3月份工资总额的10%筹集,国有企业、城镇集体企业单位职工按每人每年15元筹集。

3月6日

世界银行顾问、交通部质检总站站长熊哲清到东阳市考察世界银行贷款项目——东阳至嵊县公路扩建工程施工现场。

4月15日

全省工艺美术精品展评会在市工艺美术公司闭幕。展评会评出特等奖作品9件,东阳占6件。

4月19日

民政部授予横店镇"全国民政工作全优乡镇"称号。

5月14日~18日

全国农村电影工作会议在横店集团大厦召开。21个省市的160余名电影工作者参加。

5月20日~22日

全国重点中药材市场管理工作会议在千祥镇召开。全国20余个重点中药材市场的管理负责人参加,互相交流市场管理经验,共同探讨繁荣中药材市场的新路子。

6月2日

国家体改委、经济日报社和光明日报社在北京人民大会堂联合举办“横店集团发展模式”研讨会。全国政协副主席孙孚凌、全国政协常委芮杏文和著名经济学家刘国光、魏杰等80余名领导和专家出席。

6月6日

东阳市一居民家中发现两套4本清代微刻袖珍私刻本。《四书人物类典串珠》刻于清光绪十九年(1893)仲冬,上卷160页,下卷168页,外形尺寸为7.5×□×0.6(厘米),每卷13余万字;《四书备旨》刻于光绪二十五年(1899)孟冬,上卷86页,下卷82页,外形尺寸7×4.9×0.3(厘米),每卷7.5余万字。

7月14日

省政府命名首批“建筑之乡”,东阳市上榜。首批“建筑之乡”分别为上虞、东阳、绍兴、诸暨、萧山、象山6县市,代表全省建筑业发展总体水平,年建筑业产值在10亿元以上,建筑业成为当地重要的支柱产业,建筑业从业人员占社会劳动力人数的5%以上。

8月10日

市白云山旅游开发区设计方案出台。占地200公顷,兴建以观音城、文化娱乐城、工艺美术城为主体的旅游建筑。年末白云文化城首期工程开工建设。1997年1月30日,举行’97中国旅游年东阳欢乐游暨白云文化城开放典礼。中共中央政治局委员、国务委员李铁映,全国人大常委会副委员长吴阶平为白云文化城题字。

8月22日

日本三井物产株式会社产业机械第一部主任久田晋也到横店集团对合作创办热电厂项目进行考察。

8月23日

与中国美术学院联合创办的《中国美术学院东阳成教分校》签字仪式举行。11月15日,东阳成教分校开学,首届学员70余人。

8月

东阳市通过国务院消灭宜林荒山达标验收。

9月3日～4日

日本东京都久御山町副议长坂本信夫一行5人到东阳市考察。

9月16日

横店集团创办的全国第一所农民办的大学——中国·横店大学首次开学。1999年4月，浙江省教委批准创办浙江横店科技专修学院；2006年5月，省政府批准筹建浙江横店影视职业学院，名称为“浙江横店影视职业学院（筹）”；2008年2月，省政府批准去“筹”，正式使用“浙江横店影视职业学院”名称；2008年6月，教育部正式备案。

横店大学开学典礼　（横店集团档案馆提供）

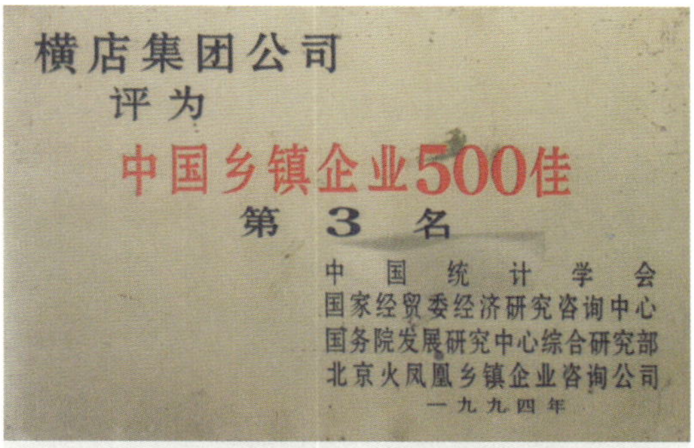

“中国乡镇企业500佳”奖牌（横店集团档案馆提供）

9月19日

横店集团公司被评为中国乡镇企业500佳第3名。

10月22日

全国人大原副委员长严济慈携儿子严又光、严四光到东阳市考察。

10月23日

吴宁镇东郊办事处五仓塘村在挖掘水井时，发现10只蛋形石块，经省自然博物馆专家鉴定，系6000万年前的中生代恐龙化石。11月18日，东永二线槐堂段施工中，发现距地表30～40厘米的紫红色砂岩里有恐龙蛋化石14枚，据鉴定距今6000万年以前。

市博物馆馆藏恐龙蛋化石　（市博物馆提供）

10月25日

著名铁路运输专家、教育家、一级教授金士宣的骨灰从北京八宝山运回东阳市，千余人参加在南马镇泉府丁山举行的安放仪式。金士宣曾任北方交通大学副校长，中国铁道学会第一、二届理事会常务理事，交通大学校友会第一、二、三、四届理事会名誉会长。

10月26日

市委书记童德成参加全国农村基层党组织工作会议，在会议上交流关于东阳市加强流动党员管理的办法。

11月25日

市广播站、电视台播出市政府制定的《东阳市民守则》："热爱祖国，勤奋劳动，文明礼貌，团结互助，遵纪守法，见义勇为，计划生育，敬老爱幼，维护秩序，爱护公物，讲究卫生，美化环境。"

11月30日

一客车在途经横眉岭上坡急转弯时坠入横锦水库。到12月2日打捞完毕，其中死亡16人，轻重伤23人。事故原因为客车严重超载，17座中巴车载客40人（不包括驾驶员）。

12月4日

零时起金华地区电话联网，东阳市与其他7县市电话号码均由6位升至7位。

12月18日

市人民广播电台、市有线电视台成立。

12月31日

"1994年度中国500家最大经营规模建筑企业"评价结果在北京市揭晓，市建安公司进入500强之列。

是年

市个体私营企业产值64亿余元，比上年增长3.6倍。投入厂房、更新设备的资金5000余万元，兴办中外合资企业14家，引进外资250余万美元，培养发展具有地方特色的专业村195个。

1995

东阳建市 30 周年大事记

南市塔　　[图片来源于《东阳年鉴(1996~1998)》]

1995 年 1 月 14 日,南市塔重建委员会成立。3 月 29 日,奠基开工,年末主体工程竣工。

1995年

1月10日

市政府公布卢宅、白坦、李宅、蔡宅、厦程里、王坎头、古渊头、徐宅8个村为首批历史文化名村。

1月14日

南寺塔重建委员会成立。3月29日，奠基开工，年末主体工程竣工。塔高26.63米。1996年10月24日，举行开塔典礼。

2月16日

市委、市政府发出《关于争创优异成绩庆贺建县1800周年号召书》。嗣后，机关各部门及镇乡提出县庆献礼项目并组织实施。9月19日，庆祝东阳建县1800周年大型文艺晚会在杭州市浙江体育馆举行。晚会电视录像在中央电视台和浙江电视台播放。10月18日～22日，建县1800周年庆典活动在吴宁镇举行。新华社、《人民日报》《文汇报》《解放日报》《香港大公报》《浙江日报》《金华日报》等35家传媒参加新闻发布座谈会。中央、省（市）、市（地）、市（县）4级新闻单位发布庆典活动新闻及介绍

东阳建县1800周年庆祝大会　（市档案馆提供）

东阳建县1800周年踩街活动
（图片来源于“东阳发布”公众号）

东阳市建设成就文章492篇。经贸洽谈签约项目20个,总成交额6.17亿元。全市县庆献礼项目483项。

3月1日

经国家统计局计算评价,市建安公司进入全国城镇集体建筑企业综合经济效益百强,列第68位。

3月4日

联合国环境开发署特派官员布什考察东阳化工厂。

3月23日

37省道东阳段白云设点开始收取机动车通行费,于2003年3月10日停止收费。

4月8日

东阳日报社大楼动工建设,1996年6月28日竣工。

4月18日

南马镇、大联镇和湖溪镇共8个行政村遭百年未遇的冰雹袭击,大者如鸡蛋。秧苗和春花作物损失严重。

5月1日

市机关单位开始实行双休日制度。

5月11日

全市第一个农机化示范点在李宅镇寀卢村建立。

5月15日

中奥友协及奥地利国家电视台到东阳市上卢镇湖仓村拍摄瓦格纳女士的新闻纪录片《中国恋歌》。格特鲁德·瓦格纳,中国名字叫华知萍,1916年出生在奥地利,1935年嫁给中国浙江省东阳市上卢镇的杜承荣为妻,在东阳市生活68年,于2003年2月19日逝世,享年86岁。

格特鲁德·瓦格纳　　（图片来源于网络）

5月16日

金华市全国劳模报告团到东阳市作事迹报告,市机关干部听取全国劳模杜志根、陈燕中、裔根娣、贾礼相的事迹报告。

5月24日

首届东阳地方名牌评选揭晓,“金宝康”护肺包、“三喜”电熨斗、“野风”服装等29个产品上榜。

5月26日

东阳二中举行“国家教委重点科研课题组实验学校”挂牌仪式。

5月27日

东阳市与四川省南川市缔结友好城市,签订煤炭、磁材、竹编等项目合作意向书。南川市为东阳市第五个友好城市。

5月

《横店镇2000年小康型城乡住宅科技产业工程示范小区规划设计方案》通过国家评审,获“良好设计方案”称号。

6月1日

浙江省委原书记、中央顾问委员会委员谭启龙到东阳市考察。

6月8日～10日

中央组织部召开全国流动青壮年中发展党员工作座谈会,市委组织部撰写的《适应市场经济发展,加强流动青壮年中的入党积极分子培养教育工作》,得到中组部的肯定。

7月18日

南马镇大元村通电,全市实现村村通电。

7月29日

广厦集团东阳第三建筑公司获全国集体建筑企业全面质量管理金屋奖。

7月

横店集团公司被评为全国乡镇企业创汇十强之一,列为全国小城镇综合配套改革试验区。

8月3日

东阳市被文化部命名为“中国民间艺术之乡”。

“中国民间艺术之乡”奖牌

（市委党史研究室提供）

8月28日

新编制的东阳市城市总体规划大纲通过论证。确立东阳城市发展新框架为浙江中部现代化中等城市和文化名城。

8月

浙江中天集团核心企业东阳市建安公司施工的上海神农高层获上海市“白玉兰杯”优质工程奖项，在浙江建筑企业承建的高层建筑中首次获“白玉兰杯”奖项。

9月4日～10日

吴宁镇西庄村党支部书记龚淑娟、东阳木雕总厂木雕艺人楼兰芳到北京市参加第四次世界妇女大会传统工艺手工操作表演。

9月27日

中国服装工业总公司、中国服装协会、中国服装衬衫专业委员会、中国服装质量检测中心联合授予野风集团生产的“野风”牌衬衫为“中国名牌”。

9月28日

东阳中学通过48项省一级重点中学办学指标的全面考核评估验收。1998年11月28日，通过省一级重点中学复查。

东阳中学原教学楼　［图片来源于《东阳年鉴(1989～1995)》］

10月1日

市邮电局撤除人工长途电话接转台，使用“摇把子”电话机历史宣告结束。

10月15日

高168米的东阳广播电视发射塔建成投入使用。

10月16日

撤销汽车中心站，车辆由东、南、西、北站分流。市区增设公交线路及行车班

广播电视发射塔
［图片来源于《东阳年鉴(1989～1995)》］

次。1996 年 12 月 30 日，市汽车客运西站竣工并通过验收，客运西站占地 25000 平方米，投资 1000 余万元，停车场可同时停放客车 200 辆。

汽车中心站 （图片来源于《东阳市志》）

汽车西站［图片来源于《东阳年鉴(1996~1998)》］

10 月 24 日

省教委普教组一行 6 人对巍山中学进行评估，确定巍山中学为省级综合高中。

10 月

花园集团被农业部授予首批“全国乡镇企业集团”。

11 月 8 日

全国首批乡镇企业集团总资产评估，横店集团名列榜首。

11 月 15 日

东阳木雕总厂生产的龙沙发获第三届中国建筑装饰材料与宾馆配套展销会金质奖。

11 月 20 日

南马镇花园村村委会被评为全国模范村委会。11 月 21 日，中共中央政治局委员、书记处书记、国务院副总理姜春云在接见参加“全国模范村”表彰大会代表时，接见南马镇花园村党支部书记邵钦祥。

11 月

横店集团和广厦集团分别被中国企业家形象认定委员会授予“中国企业最佳形象 AAA 级”称号。

12 月 7 日 ~ 8 日

美国、英国、韩国、墨西哥等 9 国驻沪领馆 20 余名官员考察访问横店集团。

12月19日

全国第三次卫生城市检查评比结果揭晓，省爱卫会授予东阳市“浙江1995年度卫生先进城市”称号。

12月21日

吴宁二校少先大队获中国少年先锋队全国工作委员会颁发的“全国雏鹰红旗大队”称号，授旗仪式在东阳剧院举行。

“全国雏鹰红旗大队”奖牌 （市教育局提供）

是年

▶在全国城市环境综合整治检查评比中，东阳市被评为全国先进县市。市长楼国华获县级市市长奖。

▶完成财政总收入2.11亿元，首次突破2亿元。

1996

邵飘萍烈士纪念馆　　（横店集团档案馆提供）

1996 年 10 月 10 日，邵飘萍烈士纪念馆在横店文化村落成。

1996年

1月8日

历时3年，投资70余万元，总长10余千米的南江渠道南溪分干渠竣工验收。

1月15日

颁布《东阳市人民政府关于禁止在市区销售、燃放烟花爆竹的通知》。2月1日开始实施。2015年10月1日，东阳市扩大“双禁”范围：吴宁街道、白云街道、江北街道所辖区域，上卢管理处所辖迎宾大道东侧绿化带以西区域；全市山林（含林区生态公墓、墓地、林地等）；法律法规、规章规定的其他禁售、禁放烟花爆竹的地点和场所。时间上，实施全年“双禁”。2018年3月20日，全市行政区域范围内全年禁止燃放烟花爆竹。禁燃工作分三个阶段，3月10日前为动员部署阶段；3月11～19日为集中宣传阶段；3月20日起为防控监管和查处阶段。

1月16日

受国家科委星火办委托，浙江省科委专家委员会在横店镇召开《浙江省横店国家级星火技术密集区总体实施方案》论证会，通过《总体实施方案》。

1月18日

▶省委、省政府举行浙江省首批33个“小康县”表彰大会，东阳市为金华市唯一进入全省首批“小康县”行列的县市。

▶市内第一所、全省第49所希望小学——清秀希望小学在宅口乡举行奠基仪式，9月3日落成开学。学校占地5300余平方米，主体教学楼建筑面积1100平方米，有9个教室、1个活动室、3个办公室，可容纳300余名学生。

清秀希望小学　（市教育局提供）

1月25日

东阳市获1995年度“全国城市环境综合整治先进县级市”称号。

1月30日

东阳市浙中生产资料市场被国家工商局授予“全国文明市场”称号，是全省入选的5家生产资料市场之一。

2月14日

国家教委批准东阳市技术学校为国家级重点职业高级中学。

2月27日

中共东阳市委举行十届十次全会，通过《东阳市经济和社会发展“九五”计划和2010年发展规划》，确定全市1996年要抓的大事，通过在全体机关干部中开展“三心”（中心、信心、同心）教育的意见。

2月29日

在全国绿化委员会第15次会议上，横店镇被评为“全国绿化造林百佳乡镇”。

2月

东阳市赴河南开封打工的曹有福，获联合国教科文组织授予的“民间工艺美术家”称号。

3月4日

召开十届市委81次常委扩大会议，讨论机构改革方案。6月7日，市机构改革方案经金华市委、市政府批准，正式出台并付诸实施。改革后，市党政机构34个，其中市委工作机构6个，市政府工作机构28个。比原来减少24个，行政编制人员减少78人。

3月7日

浙江省省长万学远在北京市接见全国人大代表、横店集团总公司社团经济局主席兼总裁徐文荣。3月13日，中共中央宣传部副部长徐光春接见徐文荣。

3月7日～8日

省“卫生部结核病控制项目”工作会议在东阳市召开。会议主题是总结实施“卫生部结核病控制项目”两年来的成绩、经验及存在的差距，从组织和防治技术上保证全省结核病控制项目的有效落实。

3月15日

市委、市政府召开全市“双拆”动员大会，要求拆除非法建造的寺观、庙宇，公路两旁200米以内及其他规定区域内的坟墓。

3月16日

▶市长楼国华率副市长、市交通局、市水电局、市财税局及上村、八达、东阳江、歌山4个乡镇的领导，为横锦水库的环库公路建设现场办公。确定公路以四级标准建造，所需355万元资金由市交通局、市水电局、市财税局和有关乡镇按比例分担。

▶下午6时许，吴宁西郊、横店、南马、大联、湖溪、画溪、黄田畈7个镇遭受不同程度冰雹、大风袭击，212个村、9500余户居民，25所学校受灾，334公顷良田受淹，受灾企业100余家，直接经济损失3400余万元。

3月19日～22日

国家体委争创体育先进县（市）验收组一行7人到东阳市检查，检查组抽查上卢、巍山、横店3个镇乡，市木雕厂、市三喜电器公司、东磁集团3家企业及3所学校，肯定东阳市体育工作所取得的成绩。

3月22日

市社会治安综合治理基金会成立。基金会自筹建以来，收到单位和个人捐款220万元。

4月4日

高3.88米的妈祖木雕神像由飞龙木雕厂制作完成，启运广东省番禺市南沙开发区天后宫。天后宫由香港霍英东等捐资重建。

4月16日

省计划免疫评审组通过东阳市“全国免疫以乡为单位第三个85%目标”的达标评审。

4月20日

横锦水库一级电站并网发电。4月25日，广东、广西、四川、湖南省（自治区）及省内的小水电专家到横锦水库，参加水库电站技改工程论证会。

4月29日

▶市委、市政府召开“严打”工作紧急会议，全面部署专项斗争。4月29日晚，1218名党政干部参加统一行动，抓获各类违法犯罪分子53人。

▶中华全国总工会授予东阳公路管理段南山公路站站长张文权“五一劳动奖章”，省政府同时授予“省劳动模范”称号。

5月1日

《东阳市城市管理若干规定(试行)》全面实施。《规定》分6章共34条,对公共场所管理、城市环境卫生及市容市貌管理、交通管理、道路管理作了规定。

5月10日

市政府颁发《东阳市农业示范园区建设实施意见》,对现代农业示范园区建设提出明确的实施标准。

5月15日

市政府颁布《东阳市兵役义务费社会统筹实施细则》。

5月16日~18日

由中央党校科社教研部、中国科学社会主义学会主办,吴宁镇委协办,镇政府承办的第二届中国科学社会主义专业博士生、硕士生导师研讨会在东阳市吴宁镇举行。

5月19日

参加联合国举办的'96国际小水电设备研讨班和'96TCD小水电培训班的亚、非、欧3大洲22个国家和地区的43名专家,考察横店镇南江橡胶坝工程。横店镇南江橡胶坝长110米,高2.5米,可蓄水20万立方米,造价150万元,是一项综合利用的水利工程。

6月10日

省水电开发中心在东阳市召开全省小水电技术改造经验交流会,省内装机容量3000千瓦以上的水电站、水库管理局领导及技术人员100余名代表参加。横锦水电站于4月完成更新,增容为2×4000千瓦,采用SDTK微机系统,被省水利厅列为技改经验交流的重点对象。

6月18日

南马镇绕川、西山脚、毛居、西张等村村民人均筹资320元,总投资110万元,联合建成绕川坑水库。水库坝高21.05米,可蓄水28万立方米,灌溉农田46.67公顷。

南马镇绕川坑水库 (黄刚/摄)

6月21日

东磁集团通过ISO 9002质量

体系认证，为全国同行业中第一家通过ISO 9002质量体系认证的企业。

7月1日

东门菜场实施净菜上市。

7月11日

坐落在横店镇岩前村附近的“19世纪广州南粤一条街”影视拍摄景点竣工，景点占地21.27公顷，总投资4000余万元。

“19世纪广州南粤一条街”影视拍摄景点 （横店集团档案馆提供）

7月15日

市政府颁布《东阳市基本农田保护实施办法》。

7月16日

抽水蓄能电站可行性研讨会在横店度假村举行，国家和省水电部门的有关专家，金华市、东阳市有关领导参加。

7月19日

东阳市国防动员委员会成立，下设综合、人武、经济、人民防空、交通战备5个办公室。

8月3日

东阳市被评为浙江省历史文化名城。

8月5日

市委、市政府召开全市企业改制动员大会，1996年10月1日至1997年6月末在全市推广股份合作制为主要形式的企业产权制度改革。

8月7日

经济学家蒋学谟在金华市委书记仇保兴陪同下考察横店集团。

8月8日

由谢晋执导的《鸦片战争》电影在横店“19世纪南粤广州一条街”开机。该电影获 1997 年第 17 届金鸡奖最佳影片。

电影《鸦片战争》剧组答谢暨庆功大会　　（横店集团档案馆提供）

8 月 19 日

市政府组织实施第一次全国基本单位普查，普查的标准时间为 1996 年 12 月 31 日。

8 月 30 日

日本京都市青年井上九男到湖溪镇田心村承包土地办农场，首期投资 80 万元。

8 月

横店镇被民政部评为“中国乡镇之星”，是金华市唯一获此称号的乡镇。

9 月 6 日～8 日

东阳’96 北京经贸洽谈会在京西宾馆举行。其间签订 10 余个项目，成交总额 5 亿余元，与北京市 5 家高科技单位建立长期合作关系，八方集团承接亿元工程业务。

9 月 10 日

香港《文汇报》总编刘再明、《文汇报·台湾版》主编王大兆率特刊部经理、高级记者等一行 5 人，考察横店镇。

9 月 12 日

市政府颁布《东阳市科技兴市实施方案》，争创省级科技先进县市。

9 月 15 日

全国政协副主席吴学谦、全国政协副秘书长朱作霖等一行 10 人在省政协副主席陈法文陪同下考察东阳市。吴学谦留下"教育之乡"题词。

全国政协副主席吴学谦在题词　（陈林旭/摄）

9月18日

东阳市被国家体委命名为第五批全国体育先进县(市)。

9月21日

八达水库电站大坝举行开工仪式,于1998年5月结顶,1998年9月18日下闸蓄水。大坝为混凝土对数螺旋式双曲拱坝，坝高69.6米，坝顶长167.5米,最大坝厚11.87米。

9月30日

东阳市《1994～2020年城市总体规划》通过技术鉴定。

10月1日

东阳市人才博览馆开放,该馆由横店企业集团出资筹建。陈列历代1200余名东阳人才的实物、图片、资料。

10月10日

邵飘萍烈士纪念馆在横店文化村落成。

10月18日

金华SDH光缆传输工程金、义、东直埋光缆东阳段开工。该线路在市境内长2.23千米,沿途经过西郊办事处的麻车、十里头、后上田、下南田4个村。投资1400万元,武警三支队和武警金华市支队官兵300余人参加施工。

10月19日

城南蔬菜批发市场投入使用。

10月

防军镇丹瑞塘村发现两张宋代圣旨，长70厘米，宽41厘米，系黄色丝绸制作。

11月1日

市殡仪馆举行奠基仪式。1997年7月11日竣工开馆。

11月2日

“九三学社”中央委员会名誉主席，第六、七届全国人民代表大会常务委员会副委员长，中国科学院学部主席团名誉主席，中国共产党党员严济慈于11月2日22时01分在北京病逝，享年96岁。11月3日上午，东阳市委、市政府发出唁电。11月15日上午，严济慈遗体在北京市八宝山公墓火化。

11月6日

美国、日本、法国、荷兰、比利时等5国的9家新闻机构驻上海记者一行14人到横店集团采访。

11月12日

全国建筑业改革与发展研讨会在东阳剧院开幕。建设部副部长谭庆琏、中国建筑业协会会长廉仲等领导和国务院发展研究中心，国家计委投资研究所等单位及省建设厅的专家学者80余人出席会议。

11月19日

30名赴西藏新兵踏上征途，这是中华人民共和国成立以来，第一批去西藏服役的东阳义务兵。

11月22日

花园集团“中国管理科学院管理科学实验基地”挂牌。

12月3日

上卢工商所被评为全国工商行政管理系统先进工商所。

12月13日

王惕吾捐资800万元兴建的市图书馆举行开馆典礼。2000年2月，市图书馆在全国第二次县级公共图书馆评估定级工作中被

东阳图书馆 （许秀成/摄）

评为国家一级图书馆。

12月18日

省第三轮创建文明城市检查团开始检查东阳市创建文明城市中的组织领导、社会公德、环境卫生、服务工作、社会治安、科教文化建设等方面工作。12月23日，东阳市被命名为省级卫生城市。

12月24日

市邮电局六石口支局被授予"八五"期间"全国邮电先进集体"。

12月28日

杭州市振兴东阳研究会成立。研究会下设科教文卫、经济贸易、金融财政、农村经济、建筑建材、新闻理论、法制建设、党政管理8个分会。

12月29日

市政府颁发《关于认真组织实施最低生活保障制度的通知》。

是年

花园集团与中科院感光化学研究所共同投资开发维生素D_3项目，是国家"九五"期间应用和发展的重点项目之一，产品填补国内空白。

维生素D_3热化学车间 ［图片来源于《东阳年鉴（1996～1998）》］

1997

东阳建市 30 周年大事记

卢宅肃雍堂石坊群

（图片来源于《东阳纪事 2017》）

1997 年 7 月 1 日，卢宅明清建筑群二期修缮工程启动。

1997年

1月13日

嫌疑人周某、陈某在北江镇野风集团农行储蓄点，持枪打死野风集团保卫科科长、打伤会计，抢劫现金4.4万元后逃跑。1月14日，作案嫌疑人周某在金华市被抓获。1月17日，作案嫌疑人陈某在衢州市被抓获。

1月21日

市人民法院上卢法庭被最高法院记一等功。

1月22日

经金华市人事局批准，东阳市374名民办教师转为公办教师。

1月23日

福建、浙江、江西、安徽4个省，南平、金华、衢州、丽水、上饶、杭州、鹰潭、景德镇、黄山9地（市）旅游局局长及旅行社代表40余人考察横店文化旅游景区。

2月25日

37省道东阳境段公路白峰岭开始收取机动车通行费，为入境单向收费。

2月28日

市政府颁布《东阳市殡葬管理实施办法》。7月4日，市委、市政府召开全市殡葬改革动员大会。市殡葬改革分两阶段实施。第一阶段，全市共产党员，机关、企事业单位在职干部职工（含离退休干部职工）和吴宁及横店两镇辖区内所有死亡人员于7月11日零时起实行火葬。第二阶段，1997年末，全市全面实行火葬。12月30日零时起，除经市政府批准暂缓推行火葬的147个村（包括行政村和自然村）外，全市范围内全面实行火葬。

3月3日

▶市政府颁布《东阳市自然灾害救助暂行办法》。

▶东阳市莹光化工有限公司被国家经委、计委、统计局、财政部、劳动部评定为“国家大型二档企业”。

3月22日

市政府颁布《东阳市农村五保户供养工作实施细则》。

3月26日～27日

全省纪检监察基层信访工作表彰会在东阳市举行。市纪委、监察局被授予“全国纪检监察基层信访工作先进单位”称号。

3月

开始试行“无会周”制度，每月第2周、第3周为“无会周”。

4月1日

▶浙江广厦集团股份有限公司发行的“浙江广厦”A股3500万股，在上海证券交易所挂牌联网上市。为建设部推荐的’97首家全国公布上市的建筑股票。

▶由省公安厅、市公安局和横店镇政府一起组织实施横店镇小城镇户籍制度改革，打破二元户籍结构，加快城乡一体化进程。

4月3日

▶全省民政工作改革现场会在东阳市召开。省人民政府授予东阳市“民政工作改革奖”。

▶画水大桥拓宽工程竣工通车。于1996年8月动工，1997年3月竣工，总投资130余万元。

▶市烈士陵园第二期工程竣工暨纪念馆开馆。

4月4日

由横店集团出资建造的严济慈陈列馆在八面山西侧的角尖山上动工。1998年1月6日，严济慈骨灰安放仪式暨纪念场所开放典礼举行，严济慈骨灰安放在下湖严上午山。位于角尖山上的纪念场所，占地10公顷，总建筑面积3000平方米，由赛功坊、慕光桥、陈列馆、纪念牌、纪念亭等几部分组成。作为纪念场所主体部分的陈列馆有瞻仰大厅、复原室、陈列室、接待室等几部分。第八届全国人大常委会副委员长卢嘉锡、吴阶平，中科院院士周光召，著名物理学家杨振宁为纪念场所题词。1998年2月19日，横店镇下湖严村严济慈纪念馆开馆。1998年4月6日，严济慈故

严济慈纪念场所开放典礼（横店集团档案馆提供）

居、陵园修建工程竣工验收。

4月16日

省教委确定东阳市为首批15个省级素质教育实验县(市)之一。

4月23日

市武警中队、市公安局拘留所、市看守所新大楼投入使用。

4月29日

▶接受对口帮扶四川省营山县的回龙镇、增产乡、清水乡、封宴乡、福源乡、青山乡任务。出资80万元,帮助清水乡建1座希望小学,解决人畜用水及乡村道路建设,扶持种养业及特困户的生活补助等。

▶下午4时20分,防军镇的东一、东二、南湖、界白、二头塘等村遭冰雹、大风袭击,冰雹积深10厘米。直接经济损失520万元。

5月14日

虎鹿镇被命名为第二批"浙江东海文化明珠"。

5月16日

市委召开市级机关全面推行干部聘任制动员大会。

5月21日

市委办、市府办印发《关于给投资者落实城市户口的通知》。

5月28日

东阳市博物馆奠基开工,于2001年9月竣工,2008年11月免费对外开放。博物馆占地6660平方米,建筑面积7300平方米。

东阳博物馆

[图片来源于《东阳年鉴(1999～2000)》]

5月29日

文化部授予东阳市"全国文化先进县(市)"称号。

6月2日

东阳市组织"双禁"(禁毒禁赌)工作集中行动,抓获吸毒人员19人,逮捕违法犯罪分子147人。

6月6日

东磐革命烈士公墓在马宅镇徐宅村的瑞山落成。1933年12月牺牲的工农红军一军团二师政委胡侠民及解放战争时牺牲的29名烈士的遗骸迁葬入墓。公墓包括烈士纪念碑、陈列馆、纪念亭等建筑。

6月7日

国务委员司马义·艾买提在省委副书记、省政协主席刘枫陪同下考察东阳市。对东阳市城镇建设、安居工程等予以肯定,并询问民族宗教工作。

6月8日

中国管理科学院与花园集团在北京中央党校举行“实施管理兴企工程成果汇报会暨花园集团管理科学实验基础恳谈会”,中央、国家有关部门的领导,《人民日报》和中央电视台等国家新闻单位及有关专家100余人出席会议;与会者参观考察北京大兴县的“花园集团北京工业小区”。

6月12日

省政府赠送香港特别行政区的礼品——由东阳木雕厂创作的木雕落地屏风《航归》举行启送仪式。

《航归》启送仪式　　[图片来源于《东阳年鉴(1996～1998)》]

6月24日

市委、市政府召开先进事迹报告会暨“献爱心”活动捐款仪式,2000余人参加会议。建立“职工帮困互助基金”,募集干部群众捐款201万元。

6月26日

►庆祝香港回归大型文艺晚会在东阳剧院举行。晚会节目由《序》《百年沧桑》《百年梦想》《百年圆梦》4 部分组成，500 余人参加演出。

▶110 报警指挥中心建成。

7 月 1 日

卢宅明清建筑群二期修缮工程启动。工程概算经费 1079.2 万元。

1999 年修复后的卢宅明清建筑群——西荷亭书院
［图片来源于《东阳年鉴(1999~2000)》］

2000 年修复后的卢宅明清建筑群——肃雍堂第六进
［图片来源于《东阳年鉴(1999~2000)》］

2000 年修复后的卢宅明清建筑群——肃雍堂第七进世雍堂
［图片来源于《东阳年鉴(1999~2000)》］

7 月 5 日

市畜牧中心引进的肉用山羊优良品种——波尔山羊冷冻精液，以种羊场为试点，对萨黄本母羊进行人工授精，获得成功。

7 月 14 日

市政府公布防军一村、林头村、南上湖村、紫薇山村、紫溪村、巍山村 6 个村为第二批东阳历史文化名村。

7月17日

由省委、省政府组织召开的全省农业抗灾夺丰收暨学习“寀卢经验”、加强农业社会化服务现场会在东阳市举行。

7月21日

▶东阳市、磐安县达成两个帮扶项目，即东磐相连的3条公路建设和东磐交界处长庚村的电视光缆铺设。

▶17时30分，黄田畈镇永乐村遭雷击，死亡2人，伤10人。

8月6日

市委召开山区扶贫领导小组会议，研究加快山区开发政策，制订“百家扶百村”的扶贫措施。

8月18日

受11号强台风影响，过程降雨量100毫米以上，最大降雨量271毫米。经济损失2亿余元。

8月22日

农业部命名花园集团为“全国文明乡镇企业”。

8月28日

浙江大学党委书记陈子辰率40余名博士生导师考察东阳市，带30余个可供合作的科技项目，与市企业家洽谈。

8月29日

▶省政府下文公布六石镇石角山支石墓、黄田畈紫薇山民居、湖溪镇马上桥花厅、巍山镇白坦福舆堂、白坦务本堂为第四批省级文物保护单位。

▶市国家税务局和市地方税务局分开办公。2018年7月20日，国家税务总局东阳市税务局挂牌成立，标志着原东阳市国家税务局、东阳市地方税务局合并。

8月

▶中天建设工程集团有限公司通过ISO 9002质量认证体系认证，是东阳市首家、浙江省第二家通过质量认证体系的施工企业。

▶东阳发现线装袖珍刻本《小题三万选》，长13厘米，宽7.5厘米，是以孔子《论语·子罕》文字为题的作文集，全书近500篇。该书平均每平方厘米有楷体字近50个，每字仅2平方毫米，一页有字近3200个。经鉴定，该书大致成书于清同治末年或光绪年间。

9月9日

东阳、义乌、永康三市勘界人员确立东阳市黄田畈镇的林村、永康市中山乡的下位村、义乌市赤岸镇朱村的羊角尖东麓为交汇点。

9月12日

《东阳市城区环境噪声污染管理办法》颁布实施。

9月15日

市委办、市府办印发《关于加快乡镇企业发展的若干政策意见》。

9月19日

市政府下文第一批取消25项收费项目。10月20日,市政府公布第二批取消行政事业性收费项目共33项。

9月29日

总投资2450万元,施工1年建成的“110千伏巍山变电所”投入营运,主变4万千伏安。

10月15日

市委办、市府办印发《关于加快扶贫工作和加快山区开发的若干意见》。

10月18日

▶经林业部批准,占地7.9公顷,投资1500万元的浙江华东木材市场建成开业。

▶东阳籍运动员马苗兰以6263分的成绩获全国八运会女子七项全能冠军。

10月28日

市委、市政府印发《关于认真实施三大“回归工程”,进一步扩大对外开放的意见》,鼓励台侨胞、在外东阳籍人士、经商建筑大户回乡投资兴业,促进东阳市经济发展。

11月11日

凌晨4时10分左右,东阳商城小商品厅因电线短路引发特大火灾,东区7号楼的378个摊位及46间仓库被焚,烧毁建筑面积3841平方米,火灾损失约268万元。

11月12日

东阳市通过省消除碘缺乏病的达标考核。

11月16日~18日

浙江省第七次地方财政收入亿元县(市)协作会议在东阳市召开,省内31

个县(市)的主要领导和财政局局长等150余人参加。

11月20日

国家教委赴浙江"两基"(基本实施九年义务教育、基本扫除青壮年文盲)督导检查组到东阳市对"两基"巩固提高和教育转轨情况进行考察指导。12月17日,东阳市被省政府公布为"浙江省'两基'先进市"。1998年2月26日,东阳市获全国"两基"工作先进县(市)。

11月27日

东阳市通过"全国科技先进市"的考评验收。

11月28日

吴宁一校少先队被中国少年先锋队全国工作委员会授予"全国雏鹰红旗大队"称号。

11月30日

市政府与香港复康会在黉门广场举行2540米工艺长龙的交接仪式。该长龙采用编、贴、喷、印、绘等手工艺术制作,由市康发织艺有限公司承制,百余工人花6000余工制成。

12月7日

建设部、中国建筑业协会在北京建银大厦举行建筑业1997年"鲁班奖"颁奖大会,浙江广厦集团承建的浙江省财政厅综合办公北楼工程获奖。

12月10日

东阳市被民政部评为"全国民政工作全优市"。

12月13日

600万元中国体育彩票在东阳中学大操场发行。

12月26日

《东阳市婚姻登记管理办法》经市政府审议颁布实施。

12月28日

由省环保局、省环保局评估中心主持召开的东阳市化工新区选址环境影响评价报告书评审会在杭州市举行。

1998

东阳建市 30 周年大事记

“万人创卫”大行动现场　　[图片来源于《东阳年鉴(1996~1998)》]

1998 年 9 月 9 日，东阳市开展“万人创卫”大行动。

1998年

1月1日

东阳市火腿公司承建的东阳服装轻纺城建成开业。

1月18日

全市第一次基本单位普查动员、登记、数据处理、检查验收工作结束。全市法人单位从事第一产业28个，从事第二产业1717个，从事第三产业2196个，其占比为0.7%、43.6%和55.7%。分布于制造业、建筑业和批发零售业的2006个，占50.9%；基层群众自治组织1297个，占32.9%；国家机关、社会团体、教育卫生事业339个，占8.6%。

1月20日

市人民医院投资605万元从日本进口的0.3T永磁核磁共振仪投入使用。

1月22日

►市政府批准实施《东阳市水土保持方案报批暂行规定》。

►市文物办在巍山镇古渊头村征集到清乾隆年间《春秋纪传》《梧岗诗集》木雕刻版各1部，共12箱605块。

2月8日

市中医院被评为国家二级甲等医院，被授予省“文明医院”称号。2012年1月，晋升为国家三级乙等中医医院。

3月10日～13日

中国共产党东阳市第十一次代表大会召开。会议选举产生市第十一届委员会常务委员、书记、副书记，杨守春当选市委书记。

3月22日～26日

政协东阳市第十届委员会第一次会议召开。大会选举产生新一届市政协领导人，康益民当选市政协主席。

3月23日～27日

东阳市第十一届人民代表大会第一次会议召开。大会选举产生新一届人大、政府领导人，杨守春当选市人大常委会主任，汤勇当选市人民政府市长。

3月23日

▶防军二村马尾山发生大面积山体滑坡，滑落山石10万立方米，死亡2人，防军—千祥公路中断。千祥五度山发生大型地裂，裂缝长300～400米。

▶由政府提供土地，广厦集团投资开发，占地53公顷的西山公园开放。

西山公园　［图片来源于《东阳年鉴（1996~1998）》］

3月25日

国家级重点文物保护单位——卢宅肃雍堂的配套工程惇叙堂西厢房墙基施工现场挖出银锭7锭半，据鉴定系明朝流通的货币。

3月30日

省委书记、省人大常委会主任李泽民到东阳市考察。对东阳市“两个文明”建设给予肯定，称赞“家户经验”和横店集团的迅速发展。

4月1日

市政府决定，从4月起在全市范围推行统一药品采购渠道，规定全市各级医疗机构所用药品必须到市医药公司或供销社医药经营部采购。

4月5日

20～23时，千祥、防军等11个镇乡遭冰雹、大风袭击，直接经济损失800余万元。

4月15日

举行《东阳年鉴》（1989～1995）首发式。该年鉴由浙江人民出版社出版，926千字，向国内外公开发行。至2009年，编辑出版6卷，从2010年开始一年一鉴，至2017年，共出版13卷。

《东阳年鉴》　（市委党史研究室提供）

4月25日

东阳市被授予1997年度浙江省城市环境综合整治市政公用事业目标管

理考核优秀城市。

4 月 26 日

吴宁镇被命名为“浙江省教育强镇”。

4 月 30 日

首都新闻单位领导考察横店集团，对横店集团的社团经济模式以及科技产业和影视产业发展给予肯定。

5 月 1 日

中共浙江省委组织部科技干部处组织在浙江省工作的 10 名中科院、工程院院士考察横店集团。

5 月 4 日

东京大学桥本寿朗等 4 名经济学教授、副教授考察横店经济。

5 月 12 日

全国人大常委会原副委员长、著名社会经济学家费孝通到横店集团、花园集团等企业调查研究。

5 月 25 日

湖溪镇八里湾列入省级现代农业示范园区建设试点单位。

5 月 26 日

市教委教育科研计算机网络中心建成开通。是全省首家利用邮电线路（64K 贞中继）与省科教网中心连接的县市级教科网。

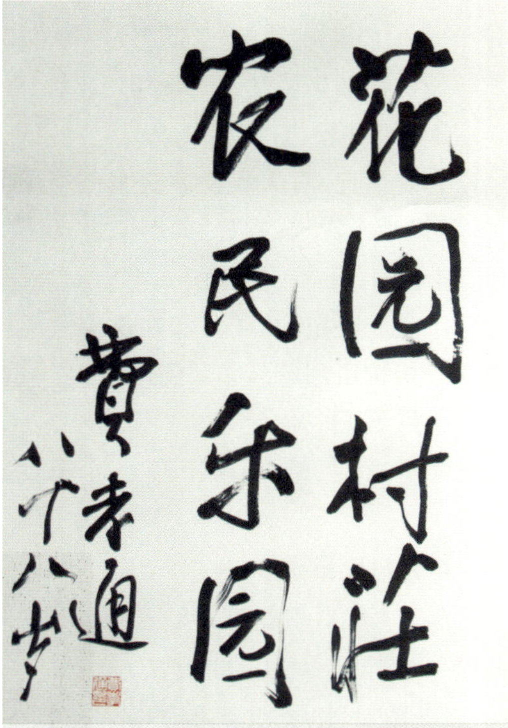

费孝通为花园村题词

（花园集团提供）

6 月 1 日

市政府办公室转发市公安局《全市新生婴儿可以随父或随母登记常住户口工作的实施意见》。

6 月 29 日

中共东阳“一大”纪念馆开馆，馆址怀鲁镇裘家岭村。纪念馆以中共东阳

中共东阳"一大"纪念馆内景　　（许秀成/摄）

"一大"为中心，展出自1927年6月中共东阳独立支部成立至1949年5月东阳解放的史料。

6月

横店集团获农业部、对外贸易经济合作部颁发的"全国乡镇企业出口创汇十强企业"称号。

7月1日

▶市长办公会议通过《东阳市粮食体制改革实施意见》。

▶全市"抓党风、促实干、创新业"教育动员大会召开。教育活动的对象是全市市级机关和镇乡机关全体干部，重点对象是机关部门、各镇乡党政班子成员。

7月3日

市政府制定并下发《东阳市村集体经济组织财务公开的暂行规定》。

7月7日

▶十一届政府第四次市长办公会议确定横锦水库扩建工程投资2100万元，扩建后水库将增加蓄水2760立方米。7月29日，市委市政府召开横锦水库扩建工程建设会议，全面部署扩建工程有关工作。2002年12月24日，横锦水库扩建工程举行竣工典礼。

▶市政府制定《关于进一步深化企业改革的若干政策意见（试行）》。坚持产权买断，土地出让，社保运行，民营机制，股份集中到位的原则。

7月13日

市政府印发《关于进一步深化粮食流通体制改革的实施意见》和4个关于粮食政策的配套文件。提出实行政企分开，粮食收储和附营业务分开，成立国有粮食收储有限公司。

7月14日

东磁集团"国家星火项目高性能永磁体""省级火炬项目Y30高性能磁瓦""省级星火示范企业"通过验收认定。

7月22日

颁发《东阳市人民政府关于社会力量办学的若干意见（试行）》，鼓励和规范社会办学。

7月30日

东阳市投资环境投诉台成立，为浙江省第一家、全国第二家。44家新闻单位发布消息。至12月30日，接受处理投诉289起。

8月3日

浙江影视创作研究所到横店镇拍摄《共和国之最》中的《中国最大的乡镇企业集团》一集。

8月5日

市政府召开110社会服务联合行动网络全面启动新闻发布会，110社会服务联运工作网络全面启动。

8月6日

科技部授予东阳市为1997年度全国科技工作先进县（市）。市委书记杨守春、市长汤勇被评为1997年度全国科教兴县（市）先进个人。

8月17日

举行情系灾区捐款仪式，市五大班子领导带头捐款共3000元。至9月，全市共为江西省九江市等洪水灾区捐款400余万元，捐赠物资价值1400余万元。

8月26日

市政府召集各有关部门负责人召开协调会，作出决定：9月1日前振兴路600余个铁棚摊位全部停业，9月5日前全部搬走。铁棚摊位于9月2日开始搬迁，当天全部完成。

8月28日

市邮电实行分营，市邮政局、市电信局宣布成立。

9月1日

全市农村基本路线教育和土地延包工作动员会召开，部署农村“路教”和土地延包工作，提出工作要求。

9月2日

市政府制定并发出《横锦水库扩建工程移民若干政策》。1999年3月18日，召开横锦水库扩建工程移民工作会议。移民安置工作根据淹没耕地在159米至164.2米水位线范围和淹没房屋在165.9米水位线以下的淹没情况，确定移民的人数和有关政策，按灌区受益情况负担移民安置任务。库区涉及东阳江、八达、上村3个镇乡的20个建制村、32个自然村，总移民人数2181人。分别安置到灌区10个镇 乡的5个办事处、8个管理处、316

个建制村。

9月3日

市政府决定从1999年开始，全市义务教育从“五·三”制过渡到“六·三”制，小学入学年龄由7周岁改为6周岁。

9月9日

东阳市开展创建文明卫生城市“万人创卫”大行动。

9月18日

市委、市政府举行撤县设市10周年新闻界朋友座谈会，人民日报社、中央电视台、光明日报社、农民日报社等17家新闻单位的记者应邀参加。

9月21日

6时起，在卢宅圆盘以西，东永二线以北，西站以东和环城北二路以南的范围之内全面实施禁鸣喇叭。

南门水上乐园

[图片来源于《东阳年鉴(1996~1998)》]

9月22日

▶南门水上乐园建成开放。

▶全国城市卫生检查团第七分团到东阳市进行为期3天的检查考核。检察团对市容环境卫生、健康教育、环境保护、公共场所和饮用水卫生、食品卫生、传染病防治、专区除“四害”、窗口单位卫生、单位和居民区卫生10项内容作实地检查。检查期间，检查团听取市委市政府“创卫”工作汇报，观看“创卫”电视专题片，查阅“创卫”工作有关资料，随机向市民和旅客问卷调查。

9月29日

国家二类抗癌新药“百士欣”在横店镇投产。

9月30日

市文物办向吴宁镇外托村张国强户征集到民国时期的“木刻活字模”58板(箱)。

10月6日

市政府规定在吴宁、横店、巍山、南马、虎鹿、湖溪、千祥、北江、黄田畈、六石统一设置10个屠宰点。1999年1月1日起在全市各建制镇范围全面推行生猪定点屠宰。

10 月 8 日

卢宅仿古街坊拆建竣工。

10 月 9 日

北京武警总队副政委蒋金锵中将到东阳市考察，为母校黄田畈小学捐资1万元。

10 月 10 日

中央电视台青年记者考察团一行22人考察东阳市。10月12日，举行中央电视台团委与东阳市团委建立友好团委协议签订仪式。

10 月 12 日

毛泽东之女李讷、艾青夫人高瑛等参观东阳市卢宅古建筑和横店影视拍摄基地。

10 月 13 日

由王惕吾创办的台湾联合报系《民生报》执行副总编孙键政访问东阳。

10 月 16 日～19 日

东阳籍盲人李新良出席中国残联第三次全国代表大会。

10 月 18 日

东阳市举行东阳撤县设市十周年庆祝大会，各界1200余人参加。市政府与浙江大学、浙江工业大学、中科院感光化学研究所、杭州电子工业学院、上海医药工业研究院等签订科技合作协议。举行《奔向新世纪》大型文艺晚会。

东阳撤县设市十周年成就馆、经济贸易展览馆开馆仪式（龚明伟/摄）

10 月 19 日

省医药管理局对市医药公司GSP全面质量合格考核，并通过验收。

10 月 27 日

全国政协副主席孙孚凌，全国政协常委朱作霖、钮守章，北京市政府顾问韩伯平，省政协副主席李青一行视察东阳市。

10 月

▶市人民法院获“全国优秀法院”称号，并举行授牌仪式暨法院工作恳谈会。

▶市公路运管稽征所被交通部、人事部评为全国交通系统先进集体。

11月21日

市中医院“抗凝1号胶囊对慢性肾脏病患者血液流变学的影响”课题研究成果通过省科委科学技术成果鉴定。这是东阳市卫生系统首例高水平科研成果，是“科教兴医”“125”“188”工程开展以来的突出成果。

11月25日

省委副书记、省长柴松岳等一行到寀卢村调研农业发展问题。柴松岳在调研后要求在全省加大推广“寀卢经验”力度。

11月26日

浙中建筑物资市场一星组文明规范市场，东门菜场、东阳缝配城二星级文明规范市场，通过省工商局考核验收。

11月27日

北京横店北影影视投资咨询有限公司在横店镇成立。《人民日报》《经济日报》《光明日报》、中央人民广播电台、中央电视台等30余家新闻单位参加公司成立活动。

11月28日

徐文荣获“全国优秀企业家”称号。

12月1日

▶全国政协副主席陈俊生，省委书记张德江，副书记、省政协主席刘枫到东阳市考察。

▶市工商局设立“96315”消费者举报投诉中心受理室。

12月18日

▶广厦集团三建公司承建的市供电局电力调控楼获1998年建筑工程“鲁班奖”。这是在金华地区竣工工程首次获“鲁班奖”。

▶全市实行村村通电话。

12月28日

省现代农业示范园区建设领导小组公布“李宅镇寀卢现代农业示范园区”“湖溪镇八里湾现代农业示范园区”为第二批浙江省农业示范园区。

是年

浙江横店进出口有限公司被共青团中央命名为1998年度全国“青年文明号”。

1999

东阳建市 30 周年大事记

1999 年第一届东阳横店·中国农民旅游节 （横店集团档案馆提供）

1999 年 11 月 1 日 ~3 日，第一届东阳横店·中国农民旅游节在横店镇举行。

1999年

1月14日

召开《东阳报》复刊1000期汇报会。

1月16日

东阳好乐多购物中心开业。

1月 20日

市工商局、横店分局、千祥工商所、湖溪工商所和吴宁工商所被省工商局命名为省级文明规范工商局(所)。

1月21日

市盐务管理局成立。

1月29日

▶财政部、水利部评估组一行在省有关部门负责人的陪同下,评估论证东阳市申请列入国家农业综合开发水利骨干工程的横锦水库灌区项目。

▶东阳市召开困难企业和下岗职工帮扶工作会议。市政府决定筹集困难企业和下岗职工帮扶资金104万元。

2月2日

市长汤勇主持召开市“四自”(自筹资金、自行修路、自行收费、自行还贷)公路股份处置运作及顺风集团改制协调会议。

2月24日

全国政协副主席万国权考察东阳市。

2月25日

市委、市政府召开争创国家园林城市动员大会。市委书记杨守春主持大会,市长汤勇作动员报告。

2月

金融系统各项存款首次突破60亿元。

3月2日

市委、市政府召开创建工作专题会议,就“门前三包”系统化管理和“双禁”(禁止销售、燃放烟花爆竹)实施工作进行再部署、再落实。各城市管理职能部门、吴宁镇各办事处及共建街负责人参加。

3月19日

东阳市获“1998年度全国城市环境综合整治优秀城市”称号。

3月23日

横店集团大东阳实业集团公司全资收购金华神马汽车实业有限公司签字仪式在金华市举行。

3月25日

日本著名律师丸井英弘等人自发组织的律师诉讼辩护团,到东阳市调查细菌战史实。在1940年至1945年日本731部队实施的细菌战中,东阳市14个村受害,死亡113人。

3月31日

省委副书记、省长柴松岳率省有关部门领导到东阳市调查研究城市化问题。

4月2日

▶东阳市举行东阳江大桥建设暨江滨开发开工典礼。7月14日,东阳江大桥基础工程全面启动。2000年10月28日,举行通车典礼。总投资5000余万元,大桥主跨75米,采用V型墩连续钢构高难技术施工,跨度全国最大。

在建中的东阳江大桥　　(龚明伟/摄)

▶东阳市召开全市工业经济暨企业改革工作会议。市主要领导与各经济主管部门、银行签订改制责任书、重点技改项目责任书、扭亏解困目标责任书。表彰一批“行业龙头”“小型巨人”“朝阳企业”及取得特别贡献奖的企业和个人。

4月15日

吴宁二中搬迁扩建工程奠基。占地7.33公顷，总投资约4000万元，于2000年8月完成建设任务交付使用。

吴宁二中 （许秀成/摄）

4月22日～26日

市青年企业家学习考察团一行27人到北京市考察中央电视台，参加《正大综艺》栏目第459期节目的录制。

4月24日

由中国药材公司主办、市政府承办的'99中国·东阳元胡暨道地药材协作会在东阳市召开。市医药药材有限公司与中国药材公司等单位签订建设千亩百吨国家级优质元胡示范基地等协议。

4月28日

省纪检监察信访举报工作经验交流会在东阳市召开。会议重点介绍东阳市的交叉办案、宁海县的顶岗培训经验。

5月7日

东阳市举行纪念东阳解放50周年座谈会，市委书记杨守春、市长汤勇发表重要讲话，东阳解放前后在东阳战斗和工作过的部分老首长、老领导、老同志出席会议。5月18日，在东阳剧院举行东阳解放50周年庆祝大会暨“水利水电杯”颁奖文艺晚会。

5月8日

8时起，撤销南马、大阳公路收费站。

5月9日～12日

市各界干部群众抗议以美国为首的北约轰炸中国驻南联盟使馆的野蛮暴行。

5月20日

东阳市召开镇乡干部记《民情日记》工作会议。部署镇乡机关干部开始记《民情日记》。

5月24日

全国卫星联网的“万声寻呼”落户东阳市。

5月26日

市委、市政府批准横店镇行政体制改革方案。设两办、两部、四局、五办事处，加快城市化进程。

5月31日

东阳市召开全市社会保险扩大覆盖面动员大会，开展扩大社会保险覆盖面工作。6月30日前基本完成社会保险登记。

5月

市公安局刑侦大队与城西派出所联手破获一起特大团伙贩卖假人民币案，缴获假人民币8万余元，抓获犯罪嫌疑人5人。

6月1日

《东阳市创建浙江省科技进步先进县(市)实施方案》颁发。

6月10日

▶海军航空兵司令员马炳芝中将、东海舰队航空兵司令员贾茂荣少将等到东阳市考察。

▶东阳市“6644148”法律服务专线开通。

6月26日

在北京市召开的中国草业产业化发展研讨会上，横店集团进军草业引起强烈反响。研讨会由中国草原学会、经济日报社和横店集团共同举办。全国政协副主席陈俊生、农业部副部长齐景发等出席研讨会。

6月30日

由经济日报社主办的“家卢经验与沿海地区农业现代化之路”研讨会在北京市举行。中央政策研究室、国务院研究室、国务院发展研究中心、国家计委、农业部、中国社会科学院等单位的专家和新闻单位的领导参加会议，市委书记杨守春、市长汤勇介绍和汇报“寀卢经验”。“寀卢经验”的核心是加强农业社会化服务，开创性地把市场机制引入农村，遵照“有偿、微利、平等、自愿”的原则，满足农户的各种要求，较好地解决家庭承包责任制中的各种矛盾和问题，科学地处理农村家庭承包责任制中“分”与“统”的关系。专家们认为，“寀卢经验”符合我国农村发展状况，既有代表性和典型意义，又具有普遍性和指导价值，值得推广。

7 月 5 日

中共中央政治局委员、国务院副总理温家宝听取浙江东阳、山东寿光、吉林公主岭等部分县（市）领导的农村工作汇报。温家宝肯定“寀卢经验”，认为寀卢的做法在沿海发达地区具有普遍的指导意义。

7 月 7 日

市委发出《关于在全市范围内深化学习“枫桥经验”，推广“虎鹿做法”的通知》。7 月 13 日，金华市学习推广“枫桥经验”现场会在东阳市虎鹿镇举行。金华各县（市）区分管政法领导参加。市委书记杨守春代表市委、市政府作经验介绍。会后与会代表参观虎鹿镇社会治安综合治理工作情况。

7 月 9 日

以奥地利下奥州霍拉布隆市副市长赫尔默特·冯德尔为团长的友好访问团暨下奥州青年合唱团合弦乐队一行 42 人到东阳市访问。下奥州青年合唱团和弦乐队在东阳剧院举行“蓝色多瑙河”音乐会。

访问团合影

［图片来源于《东阳年鉴（1999～2000）》］

7 月 12 日

▶全国人大农业和农村委员会委员、省农技推广基金会会长许行贯率省科委等部门领导和专家到东阳市视察农业科技推广工作。

▶市政府发布关于收缴“全民义务植树绿化费”的通告。收缴范围内的对象，每人每年 20 元，每年 3～5 月为统一收缴期。

7 月 18 日

建立市著名商标工作委员会。

8 月 7 日

▶北京振兴东阳咨询委员会成立大会暨科技项目合作座谈会在北京昆

仑饭店举行。东阳市与会人员与科技部、东阳籍在京科技人员进行科技项目洽谈。

▶省体育委员会主办的“中振摩托杯”青少年拳击比赛在东阳中学体育馆闭幕，全省8个地（市）的99名运动员经过66场比赛决出名次。东阳精武馆队派出18人参赛，其中15人进入前三名，以4金6银5铜总分140分的战绩列团体总分第一名。

8月12日

东阳市召开市创建国家园林城市专家座谈会。建设部城市建设司原副司长、中国园林学会秘书长王秉洛，建设部中国城科会常务副秘书长鲍世行等专家应邀参加。市五套班子领导出席会议。

8月13日

市长汤勇主持召开“放心菜”工程领导小组第一次全体成员会议，讨论、研究、确定《东阳市“放心菜”工程实施方案》。

8月24日

《东阳市城市环境综合整治规划》通过省、金华市环保部门和有关单位专家的评审。

8月28日

由东阳市民兵组成的金华陆军预备役工兵团筑城伪装营成立大会在东阳市召开，金华军分区领导、市五套班子领导参加成立大会，并检阅部队。

9月2日

东阳经济开发区税费征收服务中心开始运营，是全省首家税费征收集中服务机构。

9月3日

市委副书记龚寿康率有关部门领导赴湖南浏阳市参加全国城市发展研讨会暨中国城科会（中）小城市第十次年会，并获得2000年第十一次年会承办权。

9月7日

市政府召开会议专题讨论市广播电视大学等成人教育基本建设情况，会议决定把市电大、教师进修学校、成人教育中心融为一体易地新建，原电大、教师进修学校校产全部置换后投入新校建设。

9月13日

全市节水灌溉工程工作会议在北江镇召开。东阳市节水灌溉工程是国家农业综合开发办公室在浙江省唯一的一个节水灌溉工程。

9月26日

南马镇花园村被命名为“全国创建文明村镇工作先进单位”。2005年10月6日，南马镇花园村被中央精神文明建设指导委员会命名为“全国文明村镇”，2009年1月20日，在全国精神文明建设工作表彰大会上进行复评，南马镇花园村获“全国文明村镇”。

9月30日

市政府出台《东阳市创立著名商标实施办法》。

10月7日

全国政协副主席孙孚凌到东阳市考察。

10月9日

南马镇、横店镇率先建成电话镇。

10月9日~11日

中国民营企业“二次创业”战略国际学术研讨会在横店镇举行，国内30余名学者和企业家出席研讨会。

10月15日

省杂交晚稻新组合协优963现场考察会在东阳市召开。省人大农业与环境资源委员会、省科委、省农业厅、省农科院、省小种子管理站、中国水稻研究所、浙江大学等单位领导及全省各县(市)农业局领导参加会议。

10月28日

市人民医院举行建院60周年暨门诊大楼落成开业典礼。

10月31日

举行1999中国科技合作洽谈会，120余名领导、专家、教授参加，有61个项目达成合作意向。

11月1日~3日

“1999东阳横店·中国农民旅游节”在横店镇举行。旅游节期间，举行全国摄影艺术大赛、焰火晚会、阿凡提艺术馆开馆仪式和“全国寿星杯”书画获奖作品展等活动。中国农民旅游节是全国特大型民营企业横店集团创意发起的以农民为主体的旅游节，是全国唯一为农民专设的节目。至 2018 年共举办八届。

1999 年第一届东阳横店·中国农民旅游节新闻发布会 （横店集团档案馆提供）

1999 年第一届东阳横店·中国农民旅游节 （横店集团档案馆提供）

2000 年第二届中国农民旅游节开幕式晚会现场 [图片来源于《东阳年鉴（1999~2000）》]

2004 年第六届中国农民旅游节开幕式暨《农民同唱一首歌》大型文艺晚会 （孙振华/摄）

11 月 3 日

1999 中国缝配协作会暨浙江缝配城 15 周年庆典在位于虎鹿镇的浙江缝配城内举行，全国各地 2000 余人参加会议。

11 月 11 日

东阳市召开《东阳市城市绿地系统规划》大纲论证会，并获通过。建设部建设司副司长徐忠堂、国家城科委常务副秘书长鲍世行、中国园林学会理事、高级工程师王锋、北京大学园林系教授何绿萍及省、金华市有关领导、专家到会指导。

11 月 24 日

《人民日报》综合新闻版头条刊登东阳籍科学家潘建伟论文入选英国《自然》特刊。潘建伟《量子态隐形传输实验研究》论文与爱因斯坦相对论发展、伦琴关于X射线等21篇百年经典论文并列。潘建伟是入选论文作者中唯一的中国学者。

11月25日~26日

中科院秘书长竺玄到东阳市考察。

12月17日

市污水治理工程环境评价报告书通过评审,省、市有关专家提出一些可行性意见和建议。

12月22日

省第20届电影创作年会在东阳市召开,中国电影家协会党组书记李国民、省文联主席顾锡东及省电影界、文艺界有关人士参加会议,年会中心议题是如何建设文化大省中的浙江电影。

12月23日

全省绿化委员会办公室主任会议在东阳市召开,省林业厅厅长、省绿化委副主任程渭山等领导参加会议,与会者对东阳市的绿化工作表示肯定。

12月25日

东阳市举行首次发行“中国体育彩票”开幕式。彩票发行1600万元,面值2元。

12月27日

举行市区环城南路工程开工典礼。工程总投资6000万元,全长5千米。

12月28日

东阳市通过县级绿化达标验收。

是年

浙江中天集团被评为全国优秀施工企业,是浙江省唯一入选的施工企业。

2000

东阳市行政中心大楼 （陈林旭/摄）

2000 年 12 月 27 日，东阳市行政中心大楼动工建设。2003 年 10 月 8 日，东阳市行政中心大楼启用。

2000年

1月7日

市工商局商标广告科被国家工商行政管理总局商标局评为商标管理工作先进单位。

1月11日

东阳市首次举行粮食拍卖会,省内34家单位参加竞标,市粮食收储有限公司4800余吨陈粮全部高于底价成交。

2月27日

中央财经领导小组办公室、中央农村工作领导小组办公室调研组到李宅镇、北江镇、横店镇等地调研农民、农业、农村问题。

3月15日

市第十一届人民代表大会第三次会议在东阳剧院举行第四次全体会议,选举汤勇为市人大常委会主任,卢子跃为市人民政府市长。

屏岩洞府观光索道

（严研虹/摄）

4月3日

东阳市被国家体育总局授予“全国全民健身活动先进单位”。

4月18日

国家药品监督管理局局长郑筱萸到东阳市考察横店集团康裕药业有限公司、横店集团得邦永安化工有限公司。

4月

由横店集团投资700余万元在横店镇屏岩洞府建成的金华市第一条空中观光索道对

外开放，索道全长1310米，全程只需22分钟。

5月16日

全市首家外来人员服务中心在吴宁镇城西街道办事处成立。

5月23日

建立东阳市涉案物品价格鉴证中心，与价格事务所合署办公。

5月27日

首届东阳市机关田径运动会在东阳中学田径场举行，707名运动员参加比赛。

5月

横店镇被列为全国小城镇共青团工作试点单位。

6月3日

中央“三讲”教育检查组组长黄璜到东阳市检查指导工作，对东阳市开展“三讲”（讲学习、讲政治、讲正气）“双思”（致富思源、富而思进）教育表示肯定，并考察横店集团东磁有限公司和横店集团康裕药业有限公司。

6月25日

由广厦集团全额投资的广厦白云国际会议中心举行奠基仪式。2001年10月8日，广厦集团白云国际会议中心举行结顶仪式。2002年2月6日，白云国际会展中心落成，建筑面积3.6万平方米，总投资1.8亿元。

白云国际会展中心 （吴立新/摄）

7月2日

中共中央候补委员、东海舰队政委岳海岩到东阳市考察，对东阳市社会经济建设取得的成就表示肯定，并参观横店影视拍摄基地。

7月20日

市政府决定设立开放型经济专项资金。市财政年内安排200万元，主要用于自营出口产品补贴、对外招商、重点外贸市场开拓及对外开放中有功单位和人员的奖励。

7月

▶国内规模最大、功能最全的高科技摄影棚在横店镇结顶，是横店集团根据影视业发展需要投资兴建的室内拍摄基地，设大、中两个摄影棚，占地面积分别是1944平方米和1080平方米。

▶市物价检查所被国家发展计划委员会命名为全国首批“规范化基层物价检查所”。

8月8日

东阳日报社新闻中心大楼举行开工典礼。2001年8月8日，东阳日报社新闻中心大楼结顶，坐落于人民北路与兴平路交叉处，占地1万余平方米，楼高15层，总高度60.9米，总投资2500万元。2003年3月1日，东阳日报社新闻中心大楼建成投入使用。

东阳日报社新闻中心大楼　（吴立新/摄）

8月

▶浙江中天建设工程集团有限公司被评为全国先进建筑施工企业。

▶浙江省首家镇级污水处理厂——东阳市横店污水处理厂动工兴建。横店污水处理厂坐落在东阳市横店镇南江边，由横店集团投资兴建。横店污水处理厂分

横店污水处理厂内景　（黄刚/摄）

一期、二期工程实施。一期工程于2001年5月建成投入运行，二期工程于2007年初开工，5月投入运行。

9月5日～6日

中共中央委员、全国政协副主席张思卿到东阳市考察。

9月8日

东阳江镇八达村柘州岭发生山体滑坡。2003年5月，柘州岭山体滑坡治理工程施工建设，2003年12月竣工。

9月28日～29日

举行以“百名博士、教授故乡行”为主题的2000年东阳科技人才交流洽谈会。国家人事部科技专家管理司司长袁文成，中国科学院院士、宁波大学校长严陆光教授，中国工程院院士、北京理工大学徐更光教授，中国工程院院士、西北工业大学陈士橹教授，浙江省人事厅副厅长李德中，广东省科技厅副厅长蔡齐祥，金华市副市长王挺革等出席开幕式。活动期间签订合作意向及项目107项，引进各类各级人才478人，其中中高级人才114人。

9月28日～29日，举行2000年东阳科技合作人才交流洽谈会

［图片来源于《东阳年鉴（1999～2000）》］

9月28日

举行东阳市知名商标授牌仪式，给“依是上”等25个知名商标企业颁发东阳市知名商标证书，这是市政府实施《东阳市创立著名商标实施办法》以来首批认定的东阳市知名商标。

9月30日

东阳市黄田畈镇许宅“板凳龙”受北京市人民政府邀请，参加北京市第三届国际旅游文化节。

许宅“板凳龙”在村中表演　（龚明伟提供）

9月

全国首家以介绍农民旅游为内容的专题网站开通，该网站由浙江横店集团信息产业有限公司设计、制作。

10月12日

中国工商银行东阳市支行南街中心分理处被中央金融团工委和工商银行总行授予“青年文明号”称号，并举行授牌仪式。

10月18日～23日

首届中国工艺美术大师作品暨工艺美术精品博览会在杭州市举行，东阳市26件木雕、竹编作品参评，获3金3银2铜奖项、3件优秀创作奖。

10月21日～24日

由中国国外农业经济研究会、中国社会科学院农村发展研究所、国务院发展研究中心农村经济研究部和中国·横店控股有限公司共同主办的中外农业现代化比较国际研讨会在横店镇召开。会议以“中外农业现代化比较”为主题，围绕农村经济非农化、人口城市化、农民生活方式和生活质量的变化、农村人口素质以及农业生产现代化五个方面进行经验交流和学术交流。

10月26日

由中国塑料加工工业协会和市政府共同举办的东阳·中国废弃塑料再生

利用协作会暨浙江废塑城开业庆典大会分别在东阳大厦和画溪镇举行。会议举行中国废弃塑料再生利用研究开发基地和浙江废塑城授牌、授印仪式，废塑城展示300余种废塑再生新产品，会议期间签订废弃塑料加工利用等协作协议。

10月

横店集团被农业部评为农业产业化国家重点龙头企业。

11月2日~4日

全国中小城市发展研讨会暨中国城市科学研究会（中）小城市委员会第11次年会在东阳市召开，收集到学术论文和经验交流材料400余份。

全国中小城市发展研讨会与会代表参观东阳城区江北开发规划设计模型

［图片来源于《东阳年鉴（1999~2000）》］

11月3日

举行2000东阳·国际磁性材料博览会。会议由全国磁性材料与器件行业协会主办，市政府承办，市磁性材料行业协会协办。省技术监督局在博览会上举行“浙江省磁性材料质量检测中心”授牌仪式。东阳市成为“中国磁都”。博览会上签订协议100余项，交易额6.7亿元。

11月5日

市工艺美术行业协会成立，全省工艺美术行业专家、各部门负责人、工艺美术企业代表200余人参加成立大会。

11月8日

市委举行首届记者节庆祝大会。

11月9日

被列为全国水土保持生态环境建设“十百千”示范工程的罗峰小流域水土保持综合治理工程通过国家级达标验收。

11月23日

浙江横店进出口有限公司和东阳仪表电机有限公司联合组建横店集团东阳电机有限公司。

12月1日

市行政事业单位会计核算中心挂牌成立。

12月25日

市委、市政府在横店镇严济慈陈列馆举行纪念严济慈100周年诞辰座谈会。

12月27日

市行政中心大楼动工建设，选址在东阳江以北，占地5.8公顷，东西长400米、南北宽120米，大楼设计主楼高19层、裙楼高4层。2002年1月28日，市行政中心大楼结顶。2003年9月25日，市行政中心大楼竣工通过验收。2003年10月8日，市行政中心大楼启用，举行升旗仪式。

2003年10月8日，东阳市行政中心大楼启用，举行升旗仪式 （冯丁/摄）

是年

东阳市第二建筑工程有限公司首次独立承建的北京理工大学中心教学楼被评为中国建筑工程最高奖——“鲁班奖”。

2001

2001 年 8 月 29 日，中山大桥动工兴建。2002 年 10 月 28 日，中山大桥竣工通车。

2001年

"AAAAA 国家级旅游景区"奖牌
（横店集团档案馆提供）

1月10日

在全国旅游工作会议上，横店影视城被国家旅游局授予"国家AAAA级旅游区"称号。2010年4月18日，国家旅游局授予横店影视城为"AAAAA国家级旅游景区"称号。

1月13日

杭州振兴东阳研究会新世纪第一次会议在杭州市举行。市委、市政府在浙江省人民大会堂举办迎春招待会，招待在杭州市的东阳籍各界人士。

1月

市打假办组织工商、技监等15个部门对城区主要街道、车站、市场商品经营户进行联合大检查，查获假冒"中华""五一"等各类品牌卷烟117条，不合格食品、饮料55千克，假冒保健品79盒，过期罐头107听，收缴违法保健品印刷广告1万张。查获1个地下假酒加工销售点，现场查获15个品种的假酒。

2月

义乌市和东阳市签订协议：义乌市出资2亿元向东阳市购买5000万立方米水资源永久使用权。这是中国首笔城市间水权交易。从横锦水库到义乌引水管道工程由义乌市规划设计和投资建设，其中东阳境内段引水工程的有关政策处理和管道工程施工由东阳市负责，费用由义乌市承担。2002年1月28日，横锦水库至义乌引水工程开工。2005年1月6日，横锦水库引水工程全线完工。

3月18日

浙江广厦建设职业技术学院举行开工奠基典礼。学院由浙江广厦建筑集团股份有限公司投资创办，总占地面积53.3公顷，总规划建筑面积14万平方米，投资超过2.5亿元。2001年12月11日，浙江广厦建设职业技术学院综合大楼结顶。2002 年 9 月 28 日，浙江广厦建设职业技术学院举行落成暨开学典礼。

浙江广厦建设职业技术学院全景　（浙江广厦建设职业技术学院提供）

3 月 27 日

横店国家级星火技术密集区通过验收。

3 月 29 日

东阳市召开城镇职工基本医疗保险制度实施动员大会，市领导为市城镇职工基本医疗保险管理处授牌。4 月 1 日，启动城镇职工基本医疗保险制度。

4 月 25 日

东阳市首届个私企业运动会在东阳中学举行，全市各镇乡 317 名个私企业业主参加运动会。

首届个私企业运动会（孙振华 陆炳劲 方龙飞 / 摄）

4 月

在北京市召开的第二次全国残疾人事业工作会议上，东阳市被国务院残疾人工作协调委员会授予“全国残疾人工作先进县（市）”称号。

5 月 1 日

东阳市取消市镇居民粮食供应转移证明，同时取消省定的农村粮食关系转移证。

5月4日

东阳市境内嵊义线下昆溪地段发生一起3辆货车相撞的特大交通事故，造成9死6伤。

5月18日

艺海大桥动工建设。2002年4月30日，艺海大桥竣工通车。艺海大桥全长179.8米，桥面总宽25.5米，总投资1500万元。工程由广厦集团市政分公司承建。

艺海大桥 （许秀成/摄）

5月23日

“东阳市被评为全国‘三五’法制宣传教育先进市”。

6月18日

东阳中学江北校区开工奠基，占地面积18.67公顷，建筑面积64000平方米，总投资1.2亿元。2002年10月28日，举行东阳中学江北校区校牌揭牌仪式。

东阳中学江北校区开工奠基仪式

（市教育局提供）

7月4日

横锦水库灌区项目通过水利部验收组的验收，总投资3785万元，是浙江省首个国家农业综合开发水利骨干工程项目。

7月18日

横店镇举行居委会授牌授印仪式，首批13个村的村民委员会改为居民委员会。

8月10日

佐村镇桑梓村王某某因非法行医致人死亡，被东阳市人民法院一审判处有期徒刑11年，剥夺政治权利2年，并处罚金5000元，赔偿经济损失35000元。这是东阳市实施《中华人民共和国执业医师法》以来，未取得执业医师资格人员非法行医被追究刑事责任的首例案件。

8月16日

甬金高速公路东阳段建设启动。2002年11月21日，甬金高速公路东阳段开工建设。2005 年 12 月 28 日，甬金高速公路东阳段通车。甬金高速公路东阳段为东西走向，双向四车道，时速 100 千米，境内设蔡宅、怀鲁、东阳 3 个互通口，1 个服务区，全长 33.49 千米。

甬金高速公路

（图片来源于《东阳日报》）

8 月 22 日

市人民法院被评为“全国法院思想宣传工作先进单位”。

8 月 29 日

中山大桥动工兴建。2002 年 10 月 28 日，中山大桥竣工通车。中山大桥全长 194.94 米，宽 31.5 米，全桥采用跨径为 160 米的中承式钢管拱，为省内单跨第二大桥，大桥由上海基础工程公司承建。

9 月 3 日

国家林业局命名东阳市为“中国香榧之乡”。

10 月 18 日

省委书记张德江到东阳市南马镇花园村考察，并亲笔题词“浙江农村现代化的榜样”。

10 月 21 日

中国工程院院士、“杂交水稻之父”袁隆平在市领导陪同下考察东阳市。

10 月

由横店集团投资建设的横店国际商贸城首期工程竣工交付使用，总建筑面积 120 万平方米，首期建筑面积 18 万平方米，由国际馆、国内馆、专业市场和配套楼组成。2001 年 11 月 3 日，举行横店国际商贸城开业暨会展开幕典礼，联合国非政府民间贸易机构世界贸易中心协会（WTCA）副总裁狄志华为“浙江横店国际商贸城”揭牌，并授予横店国际商贸城有限公司 WTCA 标志、会员卡等。

11 月 7 日

由中央党校中国“三农”问题研究中心、市政府、横店集团主办，杭州博纳企业管理咨询有限公司承办的中国“三农”与旅游高峰论坛在横店镇举行，探讨中国“三农”问题，阐述农民工人化、农业现代化、农村城市化，农业可持续发展等内容。

11月11日～12日

由国务院发展研究中心和经济日报社主办，市政府和横店集团控股有限公司承办的首届中国县域经济论坛在横店镇举行，该论坛是改革开放以来首次举办的县域经济全国性高层次研讨会。

11月14日

东阳市发现一座明朝中后期墓葬，出土青花瓷瓶等文物。该墓葬位于市区爱国南路东侧，有三间墓室，为东南朝向安葬。

11月23日

37省道、39省道东阳征费所举行授牌、授证仪式。2001年4月28日，东阳征费所获“国家级青年文明号”称号。2001年8月，通过ISO 9001：2000服务质量管理体系认证。

11月28日

全国工会工作研讨会在横店镇召开。

12月19日

水利部常务副部长敬正书率全国水利系统精神文明建设经验交流会的全体代表到东阳市参观考察。

12月27日

举行东阳市镇乡（办事处）领导干部大会，宣布市部分行政区划调整方案，撤销吴宁镇、上卢镇、横店镇、大联镇、李宅镇建制，其行政区域改由市政府直辖。新设吴宁、城东、白云、江北、南市、横店6个街道办事处，作为市政府的派出机构。2002年1月9日，吴宁、横店、南市、白云、江北、城东6个街道办事处分别举行挂牌、授印仪式。

12月

▶国家林业局授予东阳市“全国经济林建设先进县(市)”称号。据统计，东阳市有经济林面积8000公顷。1998年至2000年，东阳市经济林年均总产值1.23亿元，占全市农业总产值的21.6%，为林业总产值的56.6%。

▶东阳市被评为“中国优秀旅游城市”。

2002中国(东阳)国际木雕艺术大奖赛作品展
(市委党史研究室提供)

2002年10月22日,2002中国(东阳)国际木雕艺术大奖赛作品展剪彩仪式在东阳市卢宅肃雍堂举行。

2002 年

1 月 27 日

东阳市首次跻身全国县域经济基本竞争力百强县(市)之列,居 71 位。

2 月 3 日

举行市行政服务中心授权授印仪式。2 月 5 日,市行政服务中心投入运行。

东阳市行政服务中心 (吴立新/摄)

2 月

市纪委监察局被授予“全国纪检监察系统先进集体”称号。

3 月

►由东阳花园工贸集团有限公司投资建设的 VD_3 油剂和 VD_3 饲料添加剂项目，在杭州下沙经济技术开发区破土动工,是首家进入高科技化工园区的精细化工企业,项目总投资 1.6 亿余元,计划总工期 21 个月。

►东阳市被科技部授予“全国科技进步先进市”称号。

4 月 1 日

全国水资源综合规划编制工作会议在东阳市召开。

4 月 2 日

市“西湾”牌香榧被中国经济林协会命名为“中国名优果品”。

4 月 6 日 ~ 7 日

国家林业局经济发展研究中心主任黎祖交到东阳市考察非公有制林业发展情况。

4 月 18 日

全国医药企业厂商联谊会在东阳市举行,160 余家医药企业厂商参加联谊会。

4 月 26 日～28 日

举行中国（东阳）国际缝配展销暨招商会。30 余名外商及全国各地 1000 余名客商参加开幕式。

4 月

▶东阳市发现上下两册《五经全注》袖珍作弊书，长 5.7 厘米、宽 4.3 厘米、厚 0.8 厘米，每册 85 页，每页 22 行，每行 38 字，全书 28 万字。这是古代考生专门用于作弊的全国最小的石印微刻《五经全注》孤本。

▶横店集团投资兴办横店高级中学，占地 38.67 公顷，是当时浙江省内校园规模最大的中学。

横店高级中学 （黄刚／摄）

5 月 11 日

广厦集团召开北京市第二建筑工程有限公司成立大会。全国人大常委会副委员长布赫、全国政协副主席孙孚凌等国家领导和省、金华市领导出席。

5 月 14 日

浙江省首例股民状告券商案在市人民法院开庭审理。

5 月 28 日

浙中（东阳）首届汽车展销会开幕。

6 月 1 日～2 日

国家农业综合开发经济林专题研讨会在东阳市召开。

6 月 4 日～6 日

全国乡镇企业布局调整工作会议在东阳市召开。农业部副部长齐景发、副省长巴音朝鲁、金华市领导卢福禄、王挺革及农业部、各省、自治区、直辖市乡镇企业局负责人等参加。

6 月 20 日

东阳市职工养老保险制度改革开始实施。

6月28日

建设部签发第四批建筑企业一级资质及特级资质企业名单，市广厦建设集团房地产建筑工程获房屋建筑工程总承包特级资质。

7月6日

吉尼斯中国（横店）首届绝技绝活评选暨挑战大赛在横店秦王宫景区举行。预赛在7月上旬至10月15日期间的每周双休日举行，在11月上旬举行的第四届中国农民旅游节期间进行决赛，赛事期间推出“绝技绝活”摄影大赛。

7月

▶浙江花园生物科技股份有限公司承担的维生素 D_3（胆骨化醇）及饲料添加剂项目被确定为重点国家级火炬计划项目。

▶横店国家社会发展综合试验区召开第二批“村改居”授牌授印大会，有28个居委会宣告成立，近2万农民成为居民。到2002年7月，横店有41个村完成“村改居”，城镇户口占原农业户口总数的39%。

▶启动十字街区域旧城改造。至10月9日，900余户拆迁任务完成。

8月3日

嵊义线59千米+350米路段发生一起特大交通事故，造成4人死亡，14人受伤。其中市公安局交巡警大队女民警李丽在巡查时因公牺牲。2003年5月，李丽被追授为全国公安系统“二级英雄”称号。

8月11日

诸东线怀鲁镇境内鹭鸶岭头至岭腰村地段发生山体滑坡，塌方600余立方米。

山体滑坡抢险现场　（吴补生/摄）

10 月 16 日

举行吴宁街道社区成立暨授印授牌仪式，吴宁街道卢宅、江滨等 9 个社区挂牌成立。

授牌仪式　（冯丁 / 摄）

10 月 22 日～30 日

举行 2002 中国（东阳）国际木雕艺术大奖赛。10 月 28 日，2002 中国（东阳）国际木雕艺术大奖赛作品展剪彩仪式在卢宅肃雍堂举行，收到作品 300 余件。10 月 30 日，在东阳宾馆举行 2002 中国（东阳）国际木雕艺术大奖赛学术研讨会暨颁奖仪式，26 件作品获奖，其中东阳市获奖作品 11 件。

10 月 22 日，德国艺术家 Jan Schroeder 在用原木进行木雕创作　（冯丁 / 摄）

10 月 22 日～30 日，举行 2002 中国（东阳）国际木雕艺术大奖赛（市委党史研究室提供）

10 月 23 日～24 日

国家可持续发展实验区验收组对横店国家可持续发展实验区进行验收。

10 月 25 日

▶中国轻工业联合会、中国工艺美术学会授予东阳市“中国木雕之乡”称号。

▶德国迪恩市长访问团到东阳市考察投资环境并参观横店集团、卢宅明清建筑群、木雕工艺精品馆。

10 月 28 日

▶东阳中学建校九十周年庆祝大会在东阳中学江北校区举行。

▶举行东阳市第四届工业科技博览会。10 月 29 日，在东阳大厦举行第四届东阳工业科技博览会签约仪式，签订科技合作项目116个、贸易协议17个、投资协议185个。

11月2日

▶2002中国(横店)农村产品及实用技术博览会在横店国际商贸城举行。

▶省质量技术监督局在横店国际商贸城举行浙江省特种设备检验中心横店分中心授牌仪式,横店国际商贸城特种设备交易市场对外营业。

11月3日

世界华人协会会长程万琦到横店集团考察。世界华人协会是海外最大的华人组织,在176个国家设有分会,有会员600余万人。

11月7日

马宅镇徐双公路(马宅徐宅至磐安双溪)改造工程举行开工典礼。2003年7月9日,马宅镇徐双公路竣工通车。

11月15日

由浙江向阳集团投资6000万元、年产2亿片IC芯片高科技封装项目,在东阳市南马镇路西村工业区投产。东阳市成为全省最大的IC芯片生产基地之一。

11月18日

市污水处理厂一期工程开工建设,由浙江建工集团承建。

2005年投入运行的大型污水处理池（冯丁/摄）

12月10日

第二届全国县域经济基本竞争力百强县(市)名单公布,东阳市列58位。全国县(市)参加第二届县域经济基本竞争力评价的有2052个,浙江省有24个县(市)进入“百强”。

12月

▶中天建设集团有限公司承建的浙江德清会展中心工程获2002年度中国建筑工程“鲁班奖”。

▶广厦控股集团董事局主席楼忠福参加第二届新世纪“中国改革十大新闻人物”评选活动,被评为“中国改革十大新闻人物”。

2003

东阳建市30周年大事记

市人民医院　　（市人民医院提供）

2003年12月20日，东阳市人民医院住院大楼落成。

2003年

1月10日~13日

东阳市召开中国共产党东阳市第十二次代表大会。会议选举产生市委新一届领导班子,汤勇当选市委书记。

1月22日

▶广厦控股创业投资有限公司董事局主席楼忠福当选为全国人大代表。

▶浙江省首家全额民营性质的商业化担保公司东阳市担保投资有限公司挂牌成立。

1月

市消费者协会被评为第四届全国消费者协会组织保护消费者权益先进集体。

3月1日

市委举行《东阳日报》复刊十周年汇报会。

《东阳日报》复刊十周年汇报会 (孙振华/摄)

3月7日~11日

政协东阳市第十二届委员会第一次会议召开,大会选举产生新一届领导班子。康益民当选市政协主席。

3月8日~12日

召开东阳市第十二届人民代表大会第一次会议。汤勇当选市人大常委会主任,陈丰伟当选市人民政府市长。

4月5日

国家林业局春季造林督查调研组到东阳市调研,督查调研春季造林、封山育林及非公有制林业发展情况。督查调研组到浙江康大万亩果林场、东阳森太农林果开发有限公司万亩香榧基地及南马木线市场进行调研。

5月12日

浙江广厦建设职业技术学院被列入全国教育重点课题基地。

5月

六石镇下马宅村的前山顶上发现多处大型土墩古墓群，经专家判断，古墓群属于春秋晚期的墓葬，距今已有2500年的历史。该墓为土墩石室墓，甬道用巨石垒成，长约4米、高3米；墓室为木构土墩，长约14米、宽约4米，加上石室甬道，全长18米；封土面积近1000平方米，从墓底到墓顶最高处为4.7米，未经盗掘。该古墓群是在对甬金高速公路建设沿线进行野外考古调查和抢救性发掘中发现的。随葬品均为玉质制品，散布于墓底石床的不同部位，以中部居多，个体数量多达3000件（组）。

前山土墩墓发掘现场　　（市博物馆提供）

墓道　　（市博物馆提供）

出土文物　　（市博物馆提供）

6月11日

省委书记习近平到东阳市考察工作，重点就加强农村党建工作进行调研。

6月26日

全国禁毒教育（浙江）基地，在横店影视城广州街举行揭展仪式。基地占地3.33公顷，投资1000余万元。

6月28日～29日

由国防部和农业部共同举办的“2003年军队后勤保障社会化暨知名企业产品推介会”在横店国际商贸城举行。军队有关部门和企业代表500余人参加。

6月

市公安局在横店镇摧毁1个特大赌博团伙，抓获违法犯罪嫌疑人72人，缴获高档轿车 18 辆、赌资上百万元。

7 月 1 日

东阳市区 36 座公厕全部免费向社会开放，所有公厕的管理权归市城市管理局，市财政局划出 50 万元资金用于公厕的管理及基础设施建设。

7 月 20 日

在江北新区锦坊村的化纤工业园工地上发现 1 个由 13 座古墓组成的明代古墓群，该古墓群是到 2003 年 7 月发现的东阳市规模最大的明代古墓群。

8 月 15 日

首届中国（横店）国际物流节在横店国际商贸城开幕。

8 月 16 日

国务院联合督查组到东阳市检查环境清理整顿行动进展情况，实地检查浙江北生药业汉生制药有限公司、横店染料化工有限公司、横店污水处理厂、浙江康裕制药有限公司等地，了解东阳市企业治污、排污等情况。

8 月

南马镇花园村首创村级生活污废水综合治理，花园村污水处理站完成全村所有生活污水和企业废水的收集处理，实现全村水资源的综合利用。

9 月 9 日 ~ 10 日

市农业综合开发项目通过国家级验收。

9 月 15 日 ~ 16 日

中国农村全面小康建设研讨会在南马镇花园村举行。研讨会上，花园村党支部书记邵钦祥介绍花园村推进农村全面小康建设的经验，举行花园集团向欠发达村捐赠仪式，捐资 60 万元，对武义江坑、景宁王宅、临安茶园等 6 个村进行扶贫。

9 月 17 日

浙江省磁性材料行业协会成立大会在横店东磁大厦举行，横店集团东磁有限公司总经理何时金当选会长。

9 月

花园工贸集团有限公司董事长邵钦祥被评为“2003 年度中国民营企业杰出代表”。11 月 8 日 ~ 10 日，南马镇花园村党支部书记邵钦祥出席第三届全国村长论坛，会议在云南省昆明市举行，邵钦祥被评为“全国优秀村官”。12 月 21 日，邵钦祥当选“2003 年全国农村基层干部十大新闻人物”。

10月8日

市行政区划调整方案出台。区划调整后，东阳市辖歌山、巍山、虎鹿、佐村、东阳江、湖溪、横店、马宅、千祥、南马、画水11个镇，三单1个乡，城区设吴宁、南市、白云、江北、城东、六石6个街道。

10月10日

东阳籍科学家潘建伟获奥地利科学院奖，是中国首位获此奖项的科学家。

10月11日

第八届中国国际儿童电影节落户横店镇，举行签订合作仪式。

10月24日～26日

2003年全国库存产品交易会在横店镇举行。全国第一个专业库交市场“中国（横店）库存产品交易市场”开业，开通全国第一个库交专业电子商务网站“中国库存产品交易网”。

10月25日～27日

首届中国（横店）农业机械展销会在横店国际商贸城国际农机市场举行。中国商业联合会会长何济海，农业部农机化司司长王智才，农业部草原监理中心主任、畜牧局局长宗锦耀，中国农业机械工业协会秘书长洪暹国出席。

11月1日～3日

第二届中国县域经济论坛在横店镇举行。11月3日，闭幕式上，县域经济合作与发展联盟宣告成立，全国20余个省市、参加第二届县域经济论坛的52个县（市）成为联盟首批会员。联盟有信息共享、经验借鉴、贸易促进、投资合作、资源整合、教育培训等目的和功能。

11月2日

全国百县（市）县域经济特色产品展馆在横店国际商贸城挂牌成立。

11月8日～9日

中国磁性产业跨越式、可持续发展战略研讨会在横店东磁大厦举行。

11月11日

全国“建筑之乡”发展研讨会暨十一届年会在市蓝天白云会展中心召开。全国43个“建筑之乡”的县（市）长、行业负责人和建设系统领导、骨干建筑企业负责人参加会议。

11月22日

市公安局首届“警察开放日”在江北市民广场开幕。首届“警察开放日”展区在赏门广场展出。

11月27日

中国国际商会东阳市商会成立大会暨第一次会员大会在东阳宾馆举行。

12月7日

“联宜电机”ERP管理系统通过国家级验收。

12月11日

市委、市政府召开创建国家环保模范城市暨生态市建设动员大会。

12月12日

全国重点医药企业联谊会在横店东磁大厦举行，全国各地224家重点医药企业代表参加会议。

12月14日

教育部领导到东阳市考察基础教育工作，参观东阳中学、市实验小学和中天高中。

12月20日

市人民医院住院大楼落成庆典。

12月25日

东阳日报社与浙江日报报业集团在杭州市签订合作协议。2004年1月1日，东阳日报社加盟浙江日报报业集团。2004年11月16日，东阳日报有限公司挂牌成立，是由浙江日报报业集团控股组建的第三家县市报有限公司。

2004

东阳建市30周年大事记

2004年9月29日，举行诸永高速公路金华段建设动员大会暨怀鲁枢纽开工典礼。2009年1月2日，诸永高速北段主线开通。

2004年

1月10日

南马镇花园村被评为“中国十佳小康村”。

1月25日

中共中央政治局常委、全国人大常委会委员长吴邦国到东阳市考察卢宅肃雍堂。

2月16日

寀卢蔬菜基地通过省级无公害蔬菜生产基地验收，成为东阳市首个省级无公害蔬菜基地。

2月

一份清初手抄张国维的《严禁私钱示》在东阳市被发现，这份手抄件为毛笔楷书，字体工整、秀丽，从眉批上的“先生抚吴时，予时尚幼”推断，手抄件应是清顺治、康熙年间的作品。

3月9日

德国下舒莱海姆市市长罗尔夫·蔡德勒带领的商务团到东阳市考察访问。商务团实地考察参观经济开发区、江北新区、横店影视城。

3月

▶建设部向中天集团颁发建筑企业特级资质证书，这是注册在金华市内建筑企业中唯一一家特级资质企业。

▶花园集团被全国绿化委员会授予“全国绿化模范单位”称号。

4月2日

浙江横店影视产业实验区授牌仪式暨新闻发布会在横店镇举行。浙江横店影视产业实验区是经国家广电总局批准建立的国内唯一一个国家级影视产业实验区。

5月19日

第十届全国政协常委、中央国家机关工委原副书记贾军，第十届全国政协常委、中央党校原副校长张志新到东阳市考察横店影视产业。

5月21日～23日

全国越野摩托车锦标赛（横店站）在横店镇举行，全国各地20个运动队的100余名选手参加。

5月26日～6月1日

举办横店·第八届中国国际儿童电影节，16个国家的24部中外优秀儿童影片参展。6月1日，横店·第八届中国国际儿童电影节闭幕式暨第十二届中国电影童牛奖颁奖典礼在横店体育馆举行。

横店·第八届中国国际儿童电影节开幕式　（孙振华/摄）

5月26日

浙江广播电视局电影审查中心落户横店影视产业实验区，这是国家广电总局下放电影审批权限后，在全国首批7个获得属地审片权的省市中率先成立的地方电影审查中心。受国家广电总局的授权和委托，浙江省广电局电影审查中心对属地持有“摄制电影许可证”并依法注册登记的国有和非国有单位制作的，除重大革命历史题材、特殊题材、国家资助影片、合拍片之外的影片进行审查。

5月28日

由中国音乐家协会、市政府主办的“江南笛王”赵松庭80周年诞辰纪念音乐会在东阳剧院举行。

5月28日，举行“江南笛王”赵松庭80周年诞辰纪念音乐会　（孙振华/摄）

5月

浙江广厦建设职业技术学院获“中国十大优秀民办高校”称号。

6月4日

金佛庄烈士陵园经省委宣传部、省文化厅验收组验收，被批准成为省级爱国主义教育基地。

金佛庄烈士陵园（黄刚 / 摄）

6月8日

在东阳市峋界尖发现数块春秋晚期常见的方格纹陶片以及规则堆积的鹅卵石，经判断为春秋大墓。

6月19日

横店集团董事局主席徐文荣被评为“首届中国民营企业家十大杰出创新新闻人物”。

6月22日

人民路66号原吴宁镇政府的烂尾楼爆破。这座19层高的大楼于10年前动工建造，因区划调整、资金不足等原因成为烂尾楼。

烂尾楼起爆瞬间（孙振华 / 摄）

6月29日

第四届全国地方劳动保障局长研讨会在蓝天白云会展中心举行，会议围绕农村劳动力转移、失地农民保障、农民工社会保障、灵活就业人员医疗保险、再就业优惠政策落实等问题进行研讨。

7月20日

教育部部长周济到东阳市考察教育工作情况。

7月27日

最高人民检察院追授在抓捕犯罪嫌疑人过程中因公殉职的市人民检察院反贪污贿赂局副局长吴顺海为全国检察机关“模范检察官”称号。2004年9月18日，最高人民检察院政治部主任张常韧、最高人民检察院政治部副主任童建明、省人民检察院政治部主任吴效芳等到东阳市慰问吴顺海的亲属。2005年6月2日，最高人民检察院、中共浙江省委在杭州市举行追授吴顺海荣誉称号命名表彰大会。

8月26日

广厦控股创业投资有限公司、横店集团、中天建设集团有限公司、野风集团有限公司、花园工贸集团有限公司进入“全国民营企业500强”，分别列第6、10、48、151、375位。

9月5日

全国慢性肾病中西医结合研讨会在东阳市召开。

9月27日

2004中国·横店影视博览会新闻发布会在横店镇举行。9月28日～29日，2004中国·横店影视博览会在横店影视产业实验区举行，博览会主要有广播影视剧（节目）交易展览会、广播电视信息网络技术与设备交易展览会、广播影视节目展示交易会、横店影视产业实验区招商洽谈会、中国影视产业发展论坛等活动。

9月28日～29日，举行2004中国·横店影视博览会 （孙振华／摄）

9月28日

中天建设集团有限公司获2004全国质量管理奖。

9月29日

举行诸永高速公路金华段建设动员大会暨怀鲁枢纽开工典礼，诸永高速公路金华段全长66.88千米。2009年1月2日，诸永高速北段主线开通。该路在东阳市境内长47.22千米，概算投资26.76亿元，是东阳市有史以来投资额最大的单项工程。

9月

横店集团东磁有限公司生产的“东磁”牌磁性材料被国家质检总局授予“中国名牌产品”称号。

11月10日

金义东快速通道开工建设，总投资20115万元。2014年1月10日，金义东快速通道通车。金义东快速通道画水镇洪塘村至南马段全长18.63千米，设计时速100千米，路基宽26米，双向四车道。

11月11日

中宣部部长徐光春到东阳市考察横店影视产业实验区。

11月11日～12日

全国民事行政检察工作座谈会在东阳市召开。

11月21日

东阳籍科学家潘建伟被评为第15届“中国十大杰出青年”。

11月25日

东阳市列入“2004年度海内外公众最喜爱的中国城市”。

11月28日

花园集团总裁邵钦祥被评为“2004中国乡镇企业十大经济人物”。

11月

▶迎宾大桥工程动工建设，迎宾大桥长552米，中间景观带8米，两边车道各宽23米，是东阳市最长最宽的大桥。

2005年11月23日，迎宾大桥铺梁板

（程江峰/摄）

▶花园集团举行杭州下沙生物科技有限公司维生素D_3投产典礼，花园集团成为全球最大的维生素D_3生产企业。

▶投资100万元、历经10年时间修缮的明代爱国名臣张国维故居中的“九如堂”门楼、后堂竣工。

12月1日

北京故宫博物院和美国世界文化遗产基金会考察团到东阳市考察挑选修缮故宫的工艺大师，东阳市竹工艺大师、高级工艺美术师何福礼通过考试。12月2日，考察团到木雕集团、卢宅肃雍堂及横店明清古建筑博览城等景区进行考察。12月3日，北京故宫博物院和美国世界文化遗产基金会考察团的专家与东阳市工艺美术界代表在蓝天白云会展中心联合举行故宫修缮座谈会。

是年

横店镇被命名为“国家卫生镇”。2012年6月，横店镇再次通过“国家卫生镇”复查。2013年7月3日，国家卫生镇省级督导组对横店镇创建“国家卫生镇”工作进行督查，授予横店镇“国家卫生镇（2012～2015）”牌匾。

2005

东阳建市 30 周年大事记

2005 年 8 月，南马镇花园村被第五届全国“村长”论坛组委会授予“中国十大名村”。

2005 年

1 月 11 日

2005 年首届全国影视武术研讨会在横店影视城大智禅寺举行。

1 月 13 日

市人民法院未成年人刑事案件合议庭被授予“全国少年法庭先进集体”。

2 月 5 日

东阳市警方破获一起特大贩毒案，缴获毒品近 400 克，抓获毒贩 2 人。

2 月 13 日

东阳境内宅口段 22 千米 +850 米处发生一起 8 死 31 伤的特大交通事故。

4 月 7 日

中国首次以制造业领军人物和先进技术为主题的“浙江制造”个性化邮票发行仪式在浙江省人民大会堂举行，东阳市徐文荣、邵钦祥入选。

4 月 10 日

东阳市清理非法搭建统一行动指挥部组织工作人员对画水镇竹溪工业功能区路口非法搭建的竹棚进行清理时，受群众围堵，30 余名人员受伤到医院接受治疗，数十辆车辆被砸毁。

4 月

浙江广厦建设职业技术学院被中国教育科学研究院及全国高职高专协作会授予“中国一流高职院校”称号。

5 月 9 日

林头供水渡槽被汽车撞坍塌，全市供水中断 2 天。

渡槽坍塌事发现场　　（孙振华 / 摄）

5 月 18 日

市聋哑学校女生张飞燕在全

国残疾人游泳锦标赛上获两金一银的成绩。

5 月

全国人大常委会副委员长、中国科学院院长路甬祥为花园集团题词：发展高科技产业，建设和谐小康社会。

6 月 3 日

财政部和国家广电总局调研组一行人到东阳市考察横店影视产业实验区。

6 月 10 日

▶在原市农村信用合作社联合社和全市农村信用合作社的基础上，改制后的东阳市农村信用合作联社挂牌开业。

▶省文物考古研究所联合市文物管理办公室、市博物馆，对巍山镇、歌山镇西周古墓群进行为期一个月的考古发掘。7 月，对巍山镇白坦村、歌山镇陈塘沿村附近的周朝古墓群进行发掘，出土人体完整骨架以及 100 余件西周时期的玉器、原始瓷器、印纹罐等文物。

器物堆　　（市博物馆提供）

考古发掘现场　　（郑余良／摄）

6 月 13 日

怀鲁节水灌溉项目工程通过验收，该项目 2002 年被列入全国节水增效灌溉示范项目计划。

6 月 14 日

东阳籍科学家潘建伟获“2005 年度欧洲物理学会菲涅尔奖”。8 月 20 日，潘建伟被香港求是科技基金会授予“求是杰出科学家奖”。

6 月 21 日

横店镇被命名为“全国小康建设明星乡镇标兵”。

6月22日

世界文化遗产基金会在纽约公布“2006年世界百大濒临危险的文化遗址”,卢宅列入榜单。

6月23日

世纪大道(后称世贸大道)建成并通过验收。该道全长4980米,宽80米,双向8车道,为东阳市最高等级公路,连接东义快速车道。

6月29日

金华海关东阳监管点开始试营业,占地18000平方米。

金华海关东阳监管点　　（许秀成/摄）

6月

怀万线一期公路开工建设。2012年1月12日，怀万线一期公路建成通车,全长12.6千米,从巍山镇怀鲁村至佐村镇,项目总投资约1.1亿元。其中怀鲁至310省道段按一级公路技术标准设计,路基宽24.5米,设计时速80千米;310省道至佐村段按二级公路技术标准设计,路基宽15米,设计时速60千米。

7月10日

东阳市首例四胞胎在市人民医院降生,为3男1女。

7月

投资5万元的东阳市首个示范性垃圾焚烧炉在湖溪镇建成，垃圾焚烧炉系圆筒形,外圆直径4米,筒高5米,烟囱高4米,每天能焚烧垃圾7吨至8吨。

8月4日

2005年中国警察汽车拉力赛中的短道拉力赛在横店镇进行。

8月5日

9号台风“麦莎”袭击东阳市，倒塌房屋21间，受灾人口1万余人，直接经济损失230余万元，三单乡受灾最重。

8月

▶2005年中国企业500强发布，广厦控股创业投资有限公司、横店集团控股有限公司入围，分别列123位和173位。

▶南马镇花园村被第五届全国“村长”论坛组委会授予“中国十大名村”称号。

“中国十大名村”奖牌　（花园集团提供）

9月16日～18日

2005年世界超级模特环球大赛总决赛（浙江）暨首届丽人广告模特大赛在横店镇举行。

9月18日

安置在东阳市的165户604名来自丽水市景宁县的第二批滩坑水库移民全部搬入新居，东阳市成为全省率先完成滩坑水库移民搬迁入住工作的县市。

9月28日～29日

全国食品质量监管现场会在市蓝天白云国际会展中心召开。

9月

▶市民间收藏家张纯良收藏的3幅齐白石大师的作品，在2005年秋季艺术品拍卖会上拍出3111万元的高价，轰动北京市艺术界、收藏界。

▶吴宁派出所被评为“全国优秀公安基层单位”。

10月1日

市儿童公园、西山公园实行免费开放，2006年1月1日起博大世纪公园实行免费开放。

10月17日

东阳市入选由爱国华人商会世界著名企业联盟、美中经贸投资总商会、全球华人名牌网等机构联合推选的“2005 年中国特色魅力城市 200 强”。

10 月 19 日

横店红军长征博览城落成开业，占地 600 余公顷，由以造景还原反映长征史实的红军长征主题公园、展示军事科技装备的国防科技教育园和配套建设的民兵青少年训练基地等三大主体组成。

横店红军长征博览城庆典活动现场　　（横店集团档案馆提供）

10 月 26 日

全国精神文明建设工作表彰大会在北京市召开，中天建设集团有限公司被评为“全国文明单位”。2009 年 1 月 20 日，在全国精神文明建设工作表彰大会上进行复评，中天建设集团有限公司被评为“全国文明单位”。

10 月 27 日

横锦水库除险加固工程开工，总投资 9542 万元，正常蓄水位提高 4 米，增加库容量 3250 万立方米。2008 年 12 月 5 日，横锦水库除险加固工程基本完工。

横锦水库除险加固工程大坝防渗墙机械施工现场（市水务局提供）

10 月 28 日

南江水库灌区节水配套

改造工程开工建设，总投资2413万元。

10月29日

2005东阳博士大会在东阳剧院举行。10月30日，2005东阳博士大会科技合作与人才引进项目签约仪式在东阳大厦举行，签约项目21个，其中科技合作项目18个、人才引进项目3个。

11月19日

市人民医院获“全国百姓放心示范医院”称号。

11月27日

花园集团被评为“2005中国最具生命力十大民营企业”。

12月16日

东阳籍科学家麻生明成为当时最年轻的中国科学院院士。

12月16日～17日

第二届中国中小城市可持续发展高峰论坛在北京市举行，东阳市被授予“全国十大节能型中小城市”“2005年度中国中小城市综合实力100强”和“中国最具投资潜力中小城市50强”城市。

12月

全市实现村村通公路。

2006

东阳建市30周年大事记

2006年第六届全国"村长"论坛开幕式 （花园集团提供）

2006年10月14日，第六届全国"村长"论坛在南马镇花园村开幕。

2006年

1月3日

第三届“精武杯”全国民间武术精英邀请赛在北京市香山举行，浙江队获三金两银。其中东阳市体育总会武术协会主席包为群获男子E2组的十八棍、形意拳两枚金牌和自选刀术银牌，市武术协会副主席黄光平获男子E组南拳金牌和棍术银牌。1月20日，包为群、黄光平被组委会邀请参加在北京人民大会堂举行的2006中国新闻人物新年论坛暨新春招待会，被评为“2006百名新闻人物”。

1月4日

▶在文化部公布的首批非物质文化遗产推荐项目中，浙江省42个推荐项目入选，东阳木雕入选美术类项目。5月20日，国务院公布第一批国家级非物质文化遗产名录，东阳木雕入选。

▶东阳市慈善总会成立暨第一次会员代表大会召开。

“国家级非物质文化遗产”奖牌

（市委党史研究室提供）

1月6日

在浙江省第一次经济普查总结表彰电视电话会议中，东阳市南马镇被评为“国家级先进单位”。

1月9日

横店集团家园化工有限公司研发中心被科技部、财政部等五部委认定为首批国家级研发中心。获此称号的企业，全国有118家，全省7家，金华市1家。

1月20日

浙江宗苏食品有限公司被农业部评为“全国农产品加工示范企业”。2012年9月，浙江宗苏食品有限公司因涉及贷款和民间贷款3亿余元，资金链断裂,实施资产重整。市人民法院受理宗苏食品有限公司的破产重整申请,并查封企业所有财产。

2月14日

东阳市被教育部、国家体育总局等四部门命名为“全国中小学课外文体活动工程示范区”。

2月23日

市妇联被评为“全国‘四五’普法先进集体”。2月27日,市妇联被评为“全国三八红旗先进集体”。

2月25日

以巴西华人文化交流协会会长尹霄敏为团长的里约侨知名侨领代表团19人到卢宅肃雍堂参观。

2月

►科技部批准东阳市建立国家火炬计划磁性材料产业基地。经专家考察、评审,横店集团东磁有限公司、横店集团东磁股份有限公司、东阳市磁钢厂、浙江英洛华磁业有限公司、东阳恒太硬质合金有限公司5家企业被认定为基地首批骨干企业。

►经省政府批准,浙江省公布首批51个体育强镇(乡),横店镇成为东阳市唯一上榜的镇,也是金华市两个上榜镇之一。

►《东阳市城市总体规划(2003~2020年)》《东阳历史文化名城保护规划》获省政府批复同意。

3月1日

国地税税务登记“合二为一”。市地税局在国税征收大厅设岗,与国税部门共同办理税务登记。

3月3日

交通部考察组到东阳市对农村公路建设情况进行考察。

3月6日

横店集团联宜电机有限公司被认定为“全国知识产权试点单位”,为金华地区首家。横店集团联宜电机有限公司于2000年年末成立,5年时间里,在17个国家申报专利369项。该公司承担国家火炬计划项目、国家星火计划项目、国债项目、国家信息化示范工程项目等22项国家级项目。

3月27日

全国绿化委员会、人事部、国家林业局表彰一批全国绿化先进单位和个人，东阳市南江林场原厂长陈业忠被授予“全国绿化劳动模范”称号，这是金华市唯一获此称号的林业工作者。

4月10日

管道煤气进入东阳市，首批2210户率先试用。

4月23日

澳大利亚西澳洲下议院议长弗雷德·里贝林等12人到东阳市访问，实地考察横店影视城秦王宫景区、清明上河图景区和卢宅肃雍堂等地。

4月

浙江广厦建设职业技术学院成为由中国国贸学会授予的全国首批57家外贸跟单员培训试点之一，同时也成为浙江分考点之一。

5月11日

长松岗工业功能区开发工作启动，功能区总面积8.7平方千米，首期开发3平方千米左右。

5月13日

《中国现代科学家（四）》纪念邮票首发式在东阳市横店镇举行。东阳籍现代物理学家严济慈亮相“国家名片”。4枚邮票图分别是：梁希、茅以升、严济慈、周培源，面值为80分。

4枚《中国现代科学家（四）》纪念邮票

（图片来源于网络）

5月16日

全国人大常委会副委员长、民进中央主席许嘉璐，全国人大常委、民进中央副主席王佐书，到东阳市考察文化产业发展情况。

5月18日～21日

在深圳市召开的第二届中国国际文化产业博览会上，东阳市获特等奖1个、一等奖5个、铜奖1个，成为全国得奖档次最高、奖项最多的一个县市。

5月25日

▶国家国防教育执法检查组到东阳市检查横店红军长征博览城、红军长征主题公园以及展示军事科技装备的国防科技教育园。

▶东阳市土墩墓群被国务院列为第六批全国重点文物保护单位，是东阳市第二处全国重点文物保护单位。

5月

▶东阳籍浙江边防总队情报处少校警官包苞在利比里亚首都蒙罗维亚被授予“联合国和平勋章”。

包苞被授予“联合国和平勋章”

（图片来源于网络）

▶在2006年（第19届）中国电子元件百强企业峰会论坛上，横店集团东磁有限公司以27.82亿元的销售业绩排名第19届电子元件百强企业第5位，出口创汇在百强企业中列第8位。

6月1日

中国浦东干部学院“西部大开发专题研究班”东阳现场教学汇报会在横店镇举行。来自宁夏回族自治区的40余名学员考察浙江横店影视产业实验区展示厅、横店集团东磁有限公司和横店影视城的部分景区。

6月13日

广厦控股创业投资有限公司董事局主席楼忠福获“中国公益事业十大功勋人物”称号。

6月18日

▶国际中国问题专家及外国驻华记者采访考察团到东阳市采访考察浙江横店影视产业试验区、影视产业展示馆、秦王宫景区。

▶全国政协常委、中国作家协会名誉副主席翟泰丰到东阳市考察影视文化产业。

6月22日

由20余名来自波兰、西班牙等欧洲国家的电影制片人组成的上海电影节中欧论坛横店考察团参观横店影视城，了解东阳市影视产业发展情况。

6月26日

省禁毒委在横店镇举行全国禁毒教育（浙江）基地重修开展仪式，横店镇禁毒教育基地是全国最大的禁毒教育基地。

6月28日

由共青团中央、中国科学院、中国工程院、全国青联主办的第六届"中国青年科学家"评选活动在北京市揭晓，东阳籍科学家潘建伟入选。

6月30日～7月1日

东阳市在四川省成都市召开东阳—成都科技合作恳谈会。东阳市企业与四川大学、中科院成都有机化学公司、四川抗菌素工业研究有限公司达成多项科技合作意向。

6月

国家工商行政管理总局商标评审委员会认定全国12件商标为"中国驰名商标"，横店东磁股份有限公司的"东磁"上榜。

7月8日～9日

首届中国影视旅游产业高峰论坛在横店镇举行。开幕仪式上，上海影视乐园、中山影视城、长影世界城、横店影视城等10家单位被推选为"2006中国十大影视基地(影视城)"。

7月12日

江北街道凤凰社区发现一处明代古墓群。东阳市文物办工作人员在凤凰山南侧发掘4个古墓，古墓长2.55米、宽为1.3米、深0.96米。

7月20日

全国南方林木良种座谈会在东阳市召开，15个省(市、自治区)的有关领导参加会议。会上，各省市代表交流林木良种培训先进经验，对发展林业产业提出意见建议。

7月

▶市中医院肾脏病专科被国家中医药管理局批准为国家级中医重点建设专科。

▶在第六届国际名茶评比会上，市东白山西垣茶场刘锡金牌"东阳东白"有机名茶获国际名茶银奖，被编入《国际名茶评比年鉴·2006》。

8月24日

市委发出《关于做好2006年镇乡换届工作的通知》，镇乡党委、人大政府换届工作2007年1月前完成，换届后执行5年任期制。

8月31日

▶市委、市政府印发《东阳市村(居)主职干部离任补助办法》。凡男性年满60周岁、女性年满55周岁，任村（居）主职干部满15年以上的离任干部每年补助500～700元。

▶东阳木雕大师黄小明为北京故宫仿制的乾隆御座完工。乾隆御座包括龙椅、屏风和地平3个部分，含绘图、选材、脱水、雕刻、油漆、组合等工序，花费5000余工时。

仿制的乾隆御座

（图片来源于网络）

9月6日

“雪舫蒋”中式火腿、横店联宜电机有限公司生产的“L1N1X”微型电机获“中国名牌产品”称号。

9月17日

自1985年以来，首例本地狂犬病病人身亡。

9月18日

全国政协副主席张思卿率全国政协调查组到东阳市调研文化遗产保护工作。

9月20日

民革市总支被评为“全国民主党派、工商联、无党派人士全面建设小康社会作贡献先进集体”。

9月28日

东阳市数字化电视开通。

9月29日

▶东阳市上榜国家统计局发布的根据经济社会综合发展指标测算的2005年度全国“百强县”名单。

▶东阳市被水利部、财政部授予“全国农田水利建设先进县（市）区”。

9月29日～10月7日

东阳市首届“中天杯”民间艺术大展示（演）在东阳博物馆举行，57种民间艺术亮相，分舞台表演、踩街展演、翻九楼表演、展示展销4个板块，展演各种民间艺术节目100余个，展示各种手工艺品1000余种，参演人员3000余人。

10月8日

东阳市投资环境推介会在广州市召开，签约项目总投资2.04亿美元，合同利用外资1.66亿美元、投资3000万元。

10月14日

第六届全国“村长”论坛在东阳市开幕。全国各地的近千名村干部与全国“三农”工作的领导、专家，围绕“当好带头人、建设新农村”的主题交流成功经验。南马镇花园村党委书记邵钦祥被评为“中国十大杰出村官”。

第六届全国“村长”论坛全体代表合影（花园集团提供）

10月17日

横店镇、南马镇、巍山镇被评为第二届“全国千强镇”。

10月21日

由澳门特别行政区政府经济财政司司长谭伯源、澳门贸易投资促进局主席李炳康等组成的澳门企业家代表团63人到东阳市考察。

10月23日

在杭州市召开的第七届中国工艺美术大师作品展暨工艺美术精品博览会上，东阳木雕作品获3金3银2铜奖项。

10月26日

国家审计署组队到东阳市调研经济社会发展情况。

10月30日

国务院研究室调研组到东阳市对落实《国务院关于解决农民工问题的若干意见》文件精神进行调研。

11月3日

中天建设集团被评为“全国建设系统思想政治工作先进单位”。12月，中天集团第五建设公司获“‘十五’全国建筑业技术创新先进企业”称号，中天集团董事长楼永良被评为“中国城市建设特殊贡献人物”。2007年4月26日，在第四届“善行天下2007中国慈善排行榜”中，中天集团连续第二次当选“中国十大慈善企业”。

11月9日

南马镇花园村被评为全国“巾帼示范村”。

11月26日

在北京市召开的全国新农村建设百强示范企业暨全国兴村富民百佳领军人物表彰大会上，东阳市南马镇花园村党委书记邵钦祥被授予“全国兴村富民百佳领军人物”称号。

11月

横店东磁公司入选“2005年中国私营企业纳税百强企业”，列51位。

12月6日

国务院纠风办、国土资源部、农业部等组成的联合调查组到东阳市调研农民维权问题。

12月7日

以横店集团创业、发展历程为故事框架的22集电视剧《农民代表》在央视一套播出。

12月28日

新华社《中国名牌》与《中国民办教育》杂志社在中华世纪论坛发布中国民办大学“十大名牌榜”，浙江广厦建设职业技术学院获2006年度“中国十大名牌民办大学”称号。

12月28日～31日

中国共产党东阳市第十三次代表大会召开。会议选举产生新一届领导班子，蒋永志当选市委书记。

2007

横店·中国革命战争博览城　　（图片来源于网络）

2007年7月28日，横店·中国革命战争博览城建成开业。

2007年

1月5日

东阳市入选国家林业局公布的100个“经济林产业示范县(区、市)”。

1月7日

东阳江镇上陈村老年协会负责人、全国“四五”普法先进个人陈星水当选“2006年度全国十大法制新闻人物”。

1月11日

在第五届中国工艺美术大师评审表彰大会上,东阳市增加卢光华、姚正华两位中国工艺美术大师。

1月17日

东阳市红宝石珠宝行发生特大盗窃案件,被盗钻石、金器、玉器重约12.5千克,计1909件,价值500余万元。11月19日,嫌疑人王某某在广州市被抓获,“1·17”特大珠宝盗窃案成功告破。

1月26日

《东阳市域总体规划(2006~2020)纲要》通过论证,东阳市域定位为中国影视文化基地和浙中地区专业化制造业基地,浙中地区生态、人文特色浓厚的重要旅游城市。

1月30日

市水利局被共青团中央、全国绿化委员会等八部委联合评为“全国保护母亲河行动先进集体”。

1月

东阳市首次发现木雕宗师郭金局的作品——一套花床雕板,共15块,大

课子图
(图片来源于网络)

乌羊遗礼图
(图片来源于网络)

最早反映现代运动会的木雕版画
(图片来源于网络)

小不等，雕法多样，题材丰富，有传统的吉祥图案，有寓意吉祥的童戏图，也有传统的教育图，其中有一块花板，是迄今发现的最早反映中国现代运动会的刻木。

2 月 4 日 ~8 日

政协东阳市第十二届第一次会议召开。大会选举新一届市政协领导班子，王正明当选市政协主席。

2 月 5 日 ~9 日

东阳市第十三届人民代表大会第一次会议召开。大会选举蔡志成为市人大常委会主任，江跃进为市人民政府市长。

2 月 10 日

东阳本色控股集团法定代表人吴某因涉嫌非法吸收公众存款，被市公安局刑事拘留。2007 年 3 月 16 日，吴某被市公安局逮捕。2009 年，金华市中级人民法院一审判处吴某死刑，剥夺政治权利终身。2010 年，吴某不服判决上诉。2012 年 5 月 21 日，浙江省高级人民法院以集资诈骗罪，判处吴某死刑，缓期 2 年执行，剥夺政治权利终身。2014 年 7 月 11 日，浙江省高级人民法院裁定，将吴某的死缓刑减为无期徒刑，剥夺政治权利终身。2018 年 3 月 23 日，浙江省高级人民法院经重审裁定将其刑罚减为有期徒刑 25 年，剥夺政治权利 10 年。

3 月

外交部、集邮协会、钱币协会组团到东阳市开展邮协交流活动。

4 月

横店影视城有限公司被人事部、国家旅游局授予“全国旅游系统先进集体”称号。

5 月 12 日

中国家居商贸流通发展论坛在东阳市举行。欧尔雅、尚金等 50 余家国内外知名家居品牌与海德·阳光家居城——好百年国际家居博览中心签署入驻协议。

5 月 18 日

中国东阳 2007—外交官看世界集邮钱币展览开幕式暨中国—斯洛文尼亚、克罗地亚建交 15 周年特种纪念封首发式在市博物馆举行。外交部外交学会会长刘述卿，斯洛文尼亚、克罗地亚驻华大使等出席。5 月 19 日，举行外交集邮纪念封知识讲座，亚洲国际集邮联副主席、全国集邮联秘书长刘佳维，《集邮》杂志社社长、总编刘劲，外交部集邮协会秘书长马小玲等专家参加讲座。

5月19日

东阳市固定电话号码升至8位。

5月20日

德国迪恩市经济代表团到东阳市考察废塑料回收加工、医药化工产业及投资环境，考察奇龙集团陈氏塑胶有限公司、浙江普洛康裕制药有限公司两家企业。

6月5日

市中国旅行社首次入选国家旅游局公布的“2006年度中国国内旅游百强名单”，列第85位。

6月9日

在中国第二个“文化遗产日”上，东阳市陆光正、卢光华获文化部公布的第一批国家级非物质文化遗产项目代表性传承人称号。

6月25日

市疾控中心被盗价值21万元疫苗，东阳市警方成立专案组对同类案件进行串并，发现此类案件其他省市也曾发生，温州市、衢州市各于6月6日和6月17日发生一起，报案被盗疫苗价值分别是23万元、27万元。经过东阳专案组的多方侦查，7月13日，追捕民警在临安市抓获3名嫌疑人。7月19日，市公安局宣布：发生在浙江省温州市、衢州市等地价值总共百万的系列盗窃疾控中心（防疫站）疫苗案告破。

6月

在上海市举行的第十届上海国际电影节上，横店影视城被评为“中国最具特色影视基地”。

7月16日

全国妇联书记处书记甄砚到东阳市考察南马镇花园服装公司、生态农业园、西田小区来料加工店等。9月21日，全国妇联党组书记、副主席黄晴宜到东阳市调研妇女工作。黄晴宜实地考察首批全国“巾帼示范村”——南马镇花园村、横店影视城清明上河图景区。

7月28日

横店·中国革命战争博览城建成开业，横店·中国革命战争博览城投资8000万元，占用山地33公顷，景区内有党史长廊、抗日战争景点、解放战争景点、延安古城景点，以及用高科技手段展示的战争场面。

7月

浙江普洛康裕制药有限公司和浙江埃森医药有限公司生产的3个品种的药品通过FDA(美国食品药品管理局)认证,这是东阳市首次有企业通过该项认证。

8月6日~8日

中国木雕与现代建筑高峰论坛在东阳市举行。全国14名国家级美术大师、30余名省级工艺美术大师、8名全国知名建筑专家参加。

8月15日

省委副书记、省长吕祖善到东阳市调研新农村建设。

8月17日

中央党建工作领导小组到东阳市考察基层党建工作。

8月22日

东阳市青年吴加权背着“与奥运同行”旗帜从新疆霍尔果斯步行8000余千米,途经100余个城市到达北京天安门广场,成为中国迎奥运徒步行走第一人。

8月24日

东阳市首次公开招聘“大学生村官”。2007年招聘95名高校毕业生到农村和社区工作。

8月27日

在第三届全国残疾人职业技能竞赛木雕项目中,东阳市胡先民获第一名,成为该项赛事开展以来浙江省首位全国冠军。11月,胡先民在第七届国际残奥林匹克职业技能竞赛上,获木雕赛银牌,实现浙江省在该赛事上奖牌“零”突破。

8月30日

国务院参事张鹤镛、刘秀晨、朱维究、郭瑞等到东阳市就加快发展文化产业进行调研。

9月1日

白云街道白殿胡公山发现恐龙化石。9月2日,浙江省自然博物馆副馆长金幸生等专家应邀到化石发现现场,确认发现的化石为白垩纪恐龙骨架化石,这是东阳市首次发现恐龙椎骨化石。9月22日,国际著名恐龙专家、日本福井县立恐龙博物馆副馆长东洋一到东阳市现场研究恐龙化石发掘现场，综合相关情况判断，恐龙骨架化石为蜥脚类巨龙科草食性恐龙。9 月 26 日，重约 5 吨的胡公山恐龙骨架化石整体搬入市博物馆。12 月 15 日，重庆市、浙江省自然博物馆的专家和市博物馆工作人员，对恐龙骨架化石进行清理、复原、装架工作。2008 年 1 月 30 日，日本恐龙研究专家东洋一、中国地质科学研究院地质研究所吕君昌到市博物馆，对恐龙骨架化石进行研究。4 月 8 日、4 月 23 日，中国地质科学院古生物中心主任、中国地质科学院地质研究所博士生导师、研究员季强两次到东阳博物馆对东阳龙进行考察。4 月 26 日，恐龙骨架化石通过浙江省自然博物馆验收。复原后的恐龙骨架约高 5 米、长 16 米。

2007 年 9 月 26 日，恐龙骨架化石搬迁　（图片来源于网络）

2007 年 9 月 22 日，日本福井县立恐龙博物馆副馆长东洋一在恐龙化石发掘现场研究

（金锵 / 摄）

2008 年 1 月 30 日，东洋一博士对恐龙化石进行研究

（图片来源于《东阳日报》）

9月4日

中国台湾磁性技术协会代表团到东阳市考察访问，与市磁材企业进行技术贸易对接洽谈。

9月6日

澳门特别行政区行政会代表团到横店影视城考察影视城旅游产业。

9月11日

在北京人民大会堂召开的2007年度中国名牌产品表彰大会上，浙江金路达皮具有限公司生产的“金路达”箱包获“中国名牌产品”称号。

《南国故宫——卢宅》拍摄现场　（朱国伟/摄）

9月13日

香港阳光卫视摄制组到东阳市卢宅古建筑群拍摄《南国故宫——卢宅》。

9月14日~16日

全国越野摩托车锦标赛第五站在横店镇举行，全国各地20余支代表队、100余名参赛运动员参加比赛。

全国越野摩托车锦标赛第五站比赛现场
（图片来源于东阳新闻网）

9月16日

第七届全国县域经济基本竞争力百强县（市）公布，东阳市列第75位。

9月21日~23日

国家质检总局产品质量安全和食品安全专项整治浙江督察组到东阳市检查指导工作。

9月27日

国家工商总局局长周伯华到东阳市考察工商行政管理工作。

9月30日

海德·阳光家居城建成开业。由好百年国际家居博览中心、3条家居饰品专业街、1座五星级酒店、1座四星级酒店、1座快捷酒店、1座高档写字楼及其他市场配套设施组成。

海德·阳光家居城开业庆典　（孙振华/摄）

10月

►横店影视城在中国会议旅游经济发展高峰论坛会上获中国十佳会议旅游企业金鸥奖。

►全国政协常委、民进中央副主席、中国文联副主席、著名作家冯骥才到东阳市考察卢宅古民居、东阳木雕集团陈列馆。

11月4日

2007中国名村影响力排行榜通过第七届全国“村长”论坛对外发布，东阳市南马镇花园村入选，在综合排名中列第5位，在单项的“发展指数”和“口碑指数”分别列第5位和第4位。

11月8日

中天建设集团承建的中国棋院杭州分院建设工程和海天建设集团承建的西北民族大学榆户校区公共教学楼项目被评为2007年中国建筑“鲁班奖”。2008年12月，中天建设集团又获两项“鲁班奖”，分别是湖北楚天传媒大楼工程和陕西名都城综合楼工程。

11月11日～12日

全国学校教育创新论坛在东阳市举行。在东阳市2所高等职业学校中，浙江广厦建设职业技术学院是浙江省唯一地处县级市的民办高职学校。浙江广厦建设职业技术学院院长许华春被评为教育创新先进工作者。

11 月 16 日

▶浙江东阳·首届中国香榧文化节在浙江康大香榧文化园举行。

▶东阳新闻网开通。东阳新闻网是经省政府新闻办公室批准，由市委宣传部主管，市网络新闻宣传管理中心和东阳日报社联合主办，市网络新闻宣传管理中心承办的新闻网站。是东阳市继报刊、广播、电视之后新兴的第四媒体。

▶东阳木雕装饰特大项目——灵山宫木雕装饰项目签约。东阳市10余名中国工艺美术大师、省工艺美术大师和工艺美术师到江苏省无锡市灵山景区考察建设中的灵山宫，与灵山实业公司签订灵山宫木雕装饰合作意向书。2008年4月，木雕装饰面积达1.5万平方米的无锡灵山梵宫基本完工。2016年11月8日，无锡灵山梵宫廊厅发生火灾，梵宫区域内部分油画、木雕、琉璃等当代佛教艺术精品过火受损。2017年11月15日，过火区域重新修缮完毕。

无锡灵山梵宫　　（图片来源于网络）

11 月 17 日

▶《浙江省东阳市香榧文化发展总体规划（2008～2020年）》通过论证。

▶在杭州市举行的第五届中国民营企业峰会上，广厦控股创业投资有限公司进入中国社会科学院公布的“2007中国民营企业综合竞争力50强”，同时入选“2007中国民营企业人力资本竞争力50强”。东阳籍企业家郭广

修缮后的灵山梵宫廊厅景观

（图片来源于《扬子晚报》）

昌入选“2007 中国民营企业国际竞争力十大领军人物”。

12 月 1 日～2 日

第三届中国县域经济论坛在横店镇举行。农业部、建设部、财政部、中央党校、经济日报社、中国人民大学等部门研究县域经济的数十位领导和专家，与 200 余名来自全国各地的县市领导、涉农企业家或新农村建设带头人，围绕“县域经济合作与新农村建设”这一主题展开讨论，达成共识。

第三届中国县域经济论坛现场　（图片来源于东阳新闻网）

12 月 8 日

文化部部长、全国文联主席孙家正等中央党校省部 A 班学员到东阳市考察影视文化产业实验区。

12 月 21 日

横店红军长征博览城被中央宣传部、教育部、国家国防教育办公室授予“全国国防教育先进单位”。

12 月

东阳市虎鹿镇西垣村被中央宣传部、中央文明办、全国绿化委员会、国家林业局评为“全国绿色小康村”，朱杭川、韦金辉、吴洪法、刘晓峰、张军进 5 户科技示范户被评为“全国绿色小康户”。

2008

东阳建市 30 周年大事记

“中国恐龙之乡”“中国东阳龙”命名新闻发布会　　（图片来源于东阳新闻网）

2008 年 6 月 10 日，市政府在市博物馆举办“中国恐龙之乡”“中国东阳龙”命名新闻发布会。

2008年

1月7日

东阳市被科学技术部评为“全国科技进步先进县(市)”。

1月8日

在北京市举行的2007年度国家科学技术奖励大会上,由中国科学院理化技术研究所与花园工贸集团有限公司共同研制开发的维生素D_3生产新工艺获“国家科技进步二等奖”。

1月

南马镇花园村被评为“2007中国城乡一体化发展十佳村”,位居第四。

2月28日

德国卡而斯鲁厄国立设计大学阿尔布斯教授代表国际竹藤组织,授予东阳东风竹编工艺厂为该组织“创意中心实验基地”。

2月

市房管局被建设部授予“全国房地产交易与权属登记规划管理先进单位”称号。全省获该项称号的有3家单位,金华市有1家。

3月18日

东阳经济开发区城北工业新区管委会成立大会举行。

4月7日~8日

巴布亚新几内亚驻华大使莫莱斯到东阳市进行经贸考察。

4月23日

“东阳香榧”地理标志证明商标被国家工商总局核准。这是东阳市农副产品获得的第一张国家级“名片”。

4月

白云广电站站长卢汉成被授予“全国广播电影电视系统劳动模范”称号。是浙江省唯一获此称号的先进个人。

5月4日~5日

意中交流协会名誉主席、上海增爱公益基金会理事长胡锦星到东阳市考察经济社会发展情况。

5月8日

东阳市有关部门和企业负责人到北京市与有关院校的专家教授进行科技洽谈。洽谈会上，横店集团康裕药业有限公司、横店集团联宜电机有限公司、浙江省磁性行业协会分别与北京大学药学院、清华大学电机系、中国电子学会应用磁学分会签约。

5月20日～21日

河北省委书记张云川率河北省考察团到东阳市考察横店影视产业实验区展示厅、华夏文化园，卢宅古建筑群、世贸城工艺精品馆。

5月29日

市委、市政府对省级中心镇横店镇、巍山镇、南马镇和金华市级中心镇歌山镇进行扩权强镇。扩权的重点是围绕财权、事权以及人事权等三个方面，在法律许可范围内能放则放，明确将部门县级经济社会管理权限赋予扩权镇。

5月30日

中国地质调查局地层与古生物中心命名东阳市为“中国恐龙之乡”。这是继广东省河源市、浙江省天台县之后，全国第三个“恐龙之乡”。6月10日，市政府在市博物馆举办“中国恐龙之乡”“中国东阳龙”命名新闻发布会。11月18日，“中国恐龙之乡”命名大会暨东阳博物馆开馆典礼在市博物馆广场举行，市博物馆免费向市民游客开放。

5月

▶全市收到为四川汶川地震灾区人民捐款捐物价值达2857.2万元，其中捐款2744.2万元，捐赠物资价值113万元。全市8074名共产党员上缴抗震救灾“特殊党费”247.4万元。

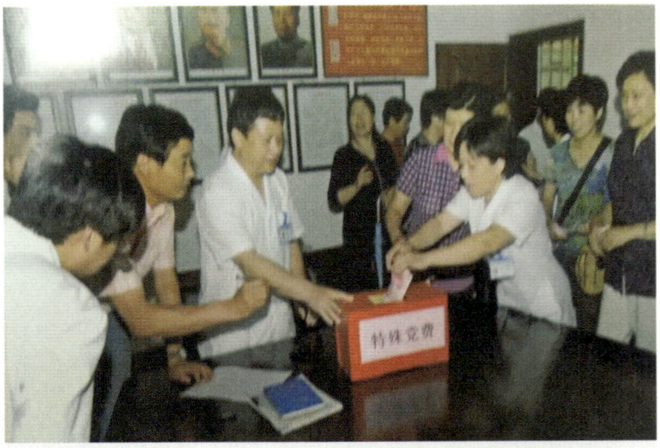

缴纳特殊党费

［图片来源于《东阳年鉴(2005～2008)》］

▶东阳市南马镇伏虎山发现北宋龙窑遗址。7月下旬，该北宋青瓷龙窑遗址抢救性工作结束，龙窑水平总长（带窑门前灰坑）47.6米，窑室水平总长45.6米，窑床宽1.8米，窑床沿着山坡呈斜坡状分布，坡宽度为9至10度。发掘中发现大量青瓷，有碗、碟、杯、盆、盏托、熏炉等，种类多达几十种，瓷片数量上万。

挖掘现场　（图片来源于东阳新闻网）

出土的青瓷　（图片来源于东阳新闻网）

6月2日

吉林大学·浙江拓克沃特应用技术研发中心在横店电子产业园区挂牌成立。在成立仪式上，吉林大学机械科学与工程学院和浙江拓克沃特科技有限公司签订共建吉林大学·浙江拓克沃特应用技术研发中心合作协议。

吉林大学·浙江拓克沃特应用技术研发中心成立挂牌仪式

（横店集团档案馆提供）

6月15日

东阳竹编、翻九楼、卢宅建筑技艺入选第二批“国家级非物质文化遗产名录”。

6月18日

全省首家租住地农民工工会——白云街道杨家农民工工会成立。

6月19日

省委书记赵洪祝考察广厦集团援建四川广元南河体育场活动板房项目部，看望和慰问援建人员。

6月24日

横店集团英洛华电气有限公司被中华全国总工会授予“全国模范职工之家”。

6月30日

▶市纪委、市委宣传部、市政府纠风办、市广播电视台主办的市广播电台“行风热线”广播直播节目开播。“行风热线”栏目受理范围为：群众来电（来信、来访）反映东阳市机关各部门、镇乡街道、公用事业单位在为民办事过程中损害人民群众利益的热点问题、办事公开问题和办事效率问题。

▶由中国红木古典家具理事会、市政府联合主办，中国红木古典家具杂志社、中国红木古典家具网承办的2008年中国红木古典家具理事会年会暨中国传统家具企业新形势下的市场营销策略高峰论坛在东阳市举行。

6月

横店集团创始人、横店“四共”工作委员会主席徐文荣获中国企业联合会和中国企业家协会联合颁发的“中国企业改革纪念章”。

7月1日

东阳市城镇居民医保政策开始施行。城镇居民基本医疗保险主要保障住院医疗和特殊病种门诊医疗，对在校学生适当兼顾意外伤害保险。特殊病种门诊医疗费实行限额管理。在一个保险年度内，住院和特殊病种门诊医疗累计费用设立最高支付限额，学生儿童8万元，其他人员6万元。

8月24日

东阳方圆农资连锁总公司被中国农资流通协会评为“2007年度全国农资流通市县销售百强企业”。

8月

东阳建工集团有限公司被中国建筑业企业联合会授予“2008中国建筑业连续3年最具综合实力10强企业”称号；董事长何颂伟获“2008年中国建筑企业百强杰出贡献企业家”称号。

9月4日

由环保部带队的中央督导组到东阳市对环保和环境治理、新农村建设等进行考察。督察组考察南江流域的治理情况、横店集团康裕药业有限公司的治污情况和南马镇花园村的新农村建设情况。

9月7日

东阳籍运动员杜剑平在北京残奥会上夺得100米自由泳金牌，打破世界纪录。在该届残奥会上杜剑平共夺得4块游泳金牌。

9月18日

浙江省创制科技服务平台县级基地落户东阳市，省食品药品监管局和市政府签订加快东阳市医药转型升级发展协议，在东阳市建立新创制科技服务平台首个县级基地。

10月7日

国际著名恐龙专家、日本福井县立博物馆副馆长东洋一，对东阳市恐龙时代的地质情况进行调查。10月12日，博士吕君昌在东阳市海锣岩山考察时发现恐龙脚印化石。这是浙江省境内发现的第一个恐龙脚印化石。10月14日，东阳市发现中生代晚白垩纪恐龙脚印化石，分别为蜥脚类、兽脚类、鸟脚类恐龙脚印化石。

2008年10月7日，日本福井县立博物馆副馆长东洋一调查东阳市恐龙时代的地质情况 （图片来源于《东阳日报》）

恐龙脚印化石 （图片来源于《东阳日报》）

10月19日

“和谐世界”全国市长摄影艺术大展获奖代表一行60余人到东阳市横店镇清明上河图、明清民居博览城、卢宅肃雍堂等地参观采风。

10月19日～20日

由新华社、《人民日报》、中央人民广播电视台、《中国纪检监察报》《中国监察杂志》等媒体记者组成的中央新闻采访团到东阳市横店镇采访基层纪检组织规范化建设。

10月28日

市委党校、市广电中心、东阳剧院3项拆建工程开工。

11月9日

在2008世界手工艺大会上，陆光正获世界手工艺理事会颁发的“亚太地区手工艺美术大师奖”。

11月16日

在全国优秀农民工表彰大会上，兴华化工有限公司副经理袁锁军被评为“全国优秀农民工”。

11月17日

东阳人联谊总会一届一次理事会召开，王正明当选会长。11月18日，东阳人联谊总会成立暨东阳经济社会发展论坛在东阳剧院举行。

11月18日

第三届中国东阳木雕竹编工艺美术博览会在东阳世贸城开幕。

东阳市纪念改革开放30年暨撤县设市20周年文艺晚会 （图片来源于《东阳日报》）

11月19日

▶市委、市政府举行东阳撤县设市20周年座谈会。12月18日，市委、市政府举行改革开放30年暨撤县设市20周年纪念文艺晚会。

▶东阳红木家具市场开业。东阳红木家具市场经营面积7万余平方米，为全国单体经营面积最大的专业红木家具批发市场。中国文物鉴定委员会专家、故宫博物院研究员、国家文物鉴定委员会委员、国家级工艺美术大师等参加庆典。

东阳红木家具市场开业典礼 （图片来源于东阳新闻网）

11月30日

“浙江改革开放30年百件典型事例”发布，横店影视产业发展名列其中。

11月

东阳市17个项目被列入2008年国家科技计划，立项数接近金华市的四分之一。浙江普洛康裕制药有限公司的“年产2500吨阿奇霉素枸橼酸二氢钠冻干粉针”、横店集团得邦工程塑料有限公司的“玻纤增强PA6/PP合金”和浙江巍华化工有限公司的“芳烃氯化尾气资源综合利用产业化应用”等7个项目被列入国家火炬计划；横店集团联宜电机有限公司的“动力泵电机系统”、东磁股份有限公司的“环保型粘结钕铁硼磁体材料研发及产业化”等5个项目列入国家星火计划；横店得邦电子有限公司的“无铅微汞紫外技术的高效电子节能灯”、浙江花园生物高科股份有限公司的“维生素D_3（食品级）”等5个项目列入国家重点新产品计划。

12月9日

横店集团创始人徐文荣被授予“全国优秀乡镇企业家终身成就奖”。

12月19日

市人民法院被最高人民法院评为“全国优秀法院”。

12月

▶东阳市在中国商标协会中企商标发展中心公布的“2008年县域商标发展TOP100名单”中名列第32位。

▶“东阳木雕”被国家工商总局商标局核准注册地理标志证明商标。

▶中天集团2008年缴纳地方税收超1亿元，成为东阳市首家税收超亿元的建筑企业。

2009

东阳建市30周年大事记

横店镇区图 （吴立新/摄）

2009年9月，横店镇获“2009首届浙江最佳投资乡镇(街道)20强”称号。

2009年

1月4日

市办税中心挂牌成立，开创全省国、地税办事大厅在分设多年后再次合署办公的先例。

1月9日

南马镇花园村首届现代乡村风情文化旅游节开幕。

1月10日

东阳市成为农业部、国家安监局公布的首批104个全国“平安农机”示范县(市)。

1月11日

温州医学院附属东阳医院(筹)在市人民医院挂牌，成为温州医学院在浙江中西部地区的首家非直管附属医院。

1月20日

南马镇花园村党委书记邵钦祥获全国精神文明建设先进工作者。

2月1日

全国政协副主席厉无畏到东阳市实地考察卢宅古建筑群、市博物馆和横店影视城清明上河图景区、秦王宫景区等。

2月5日

由中国广厦上海明凯投资有限公司投资的浙江明凯照明项目落户城北工业新区，是2009年东阳市启动“东阳人经济回归工程”首个落地的大型回归项目。

2月12日

▶国家旅游局局长邵琪伟、全国旅游协会秘书长刘志江到东阳市实地考察华夏文化园、明清民居博览城、明清宫苑等景区。

▶东阳市获全省首批8个旅游经济强县(市、区)，成为金华市首个获此称号的县(市、区)。

3月3日

东阳市邀请国家信息中心首席经济师兼经济预测部主任、北京市人民政府专家顾问范剑平，在市行政中心报告厅做经济形势专题报告。

3月8日

37省道、39省道东阳征费所获“全国巾帼文明岗”称号，成为金华市交通系统唯一获此称号的单位。

3月13日

中科院宁波材料技术与工程研究所5名专家到东阳浙江英洛华磁业有限公司和横店集团东磁股份有限公司等企业考察磁性材料。

3月21日

中国科学院院士、著名有机化学家麻生明到母校巍山高中，与师生进行互动交流。

3月25日

新加坡媒体发展局局长谢德谦率团到横店影视城实地考察，并和横店集团影视制作有限公司商谈影视合作项目。

4月1日

国家人力资源和社会保障部副部长杨志明，到东阳市调研人力资源和社会保障工作。考察在建设中的市人力资源市场一期工程，走访木雕集团、陆光正木雕创作室。

4月8日

横店集团东磁股份有限公司的“DM4545高性能永磁铁氧体材料与器件”项目获2008年度中国电子学会电子信息科学技术奖三等奖。

4月9日

东阳市发现罕见翼龙类恐龙脚印化石，这是自甘肃省后我国第二次发现翼龙类脚印化石。

4月11日～12日

由中国医院协会、卫生部新闻办公室和人民日报社网络中心（人民网）共同主办的“2009年第五届中国医院院长高层论坛暨公立医院改革座谈会”在东阳市蓝天白云会展中心召开。全国各地400余名专家、学者及医院院长参加会议。

4 月 12 日

由东阳市钓鱼协会主办的首届东阳“钓圣杯”钓鱼大赛在东阳义东垂钓中心举行。这是金华市首次举行全国性的钓鱼比赛，浙江省、湖北省、安徽省、江苏省等地的 200 余名钓鱼者参加钓鱼比赛。

钓鱼比赛现场 （孙振华 / 摄）

4 月 27 日

东阳市文化大讲堂邀请中共中央宣传部理论局巡视员、副局长黄中平做《继续解放思想与深入学习实践科学发展观》的专题报告。

4 月 28 日

东阳国际建材装饰城开业。东阳国际建材装饰城总规划用地面积 53.46 公顷，首期用地面积 17 公顷，总建筑面积 25 万平方米。首期市场设有建材装饰类各种品牌专营、专卖店 1000 余个，经营的建材装饰商品类别涵盖灯饰、家装饰品、陶瓷洁具、石材、板材、楼梯、地板、吊顶材料、橱柜、灯具、门窗、五金、管线等 10 余个大类的上万个品种。

5 月 18 日

▶第五届中国文化产业人才交流会（人才文博会）组委会在广东省深圳市举行表彰大会，东阳籍工艺美术师胡冠军入选“中国文化产业英才榜”。

▶世界华人工商促进会总会会长、世界和平事业投资集团董事长李农合到东阳市南马镇花园村考察。

5 月 23 日

▶由国防科工委原副政委葛焕中将、海军原副政委冷宽中将等 20 名将军组成的中国将军书画研究院采风团到东阳市考察。

▶全省最大潜流式人工湿地——东阳江人工湿地净水工程建成并投入运行。根据植物的习性，采用世界上比较先进的潜流式人工湿地污水处理技术和工艺，主要技术是通过水生植物、微生物、基质共同作用来消解水中污染物，采用多类型生物吸收，其中二级（中游）潜流式湿地种植植物 5 种，主要对氮、磷等进行吸收处理；一级（上游）潜流式湿地种植植物 17 种，主要对 COD、

BOD进行吸收，以降低二级潜流湿地的处理负荷；表流式（下游）湿地种植5种植物，对二级出水起到修饰作用。

东阳江人工湿地净水项目一级处理单元及一级出水口

东阳江人工湿地净水项目二级处理单元

（图片来源于《东阳日报》）

5月30日

在2009浙商大会上，广厦控股创业投资有限公司、上海复星高科技（集团）有限公司、中天发展控股集团有限公司、横店集团控股有限公司、花园工贸集团有限公司、浙江皮卡王集团控股有限公司、野风集团有限公司、浙江康恩贝制药股份有限公司入选2009浙商全国500强。

5月31日

东阳国际缝制机械市场开工建设发布会在海德建国酒店举行。东阳国际缝制机械市场第一期总用地62310平方米，建筑面积16368平方米，总投资4亿余元。包括1幢5层展销大楼，1幢17层商务楼。展销大楼底层设置80个200平方米整机展销铺位。市场2至5层设有970个50平方米的商铺。2011年12月19日，省重点建设项目——东阳国际缝制机械城开业。

6月1日

“横店影视城杯”2009全国大学生演讲大赛在横店镇开幕，北京大学、清华大学、美国麻省沃斯特州学院、英国伦敦经济学院等国内外55所知名高校的200余名中外大学生，围绕“构建和谐社会”展开演讲比赛。

演讲大赛现场　　（图片来源于网络）

6月7日

中共中央政治局常委李长春到横店影视产业实验区和横店影视城清明上河图、秦王宫、明清宫苑拍摄基地进行调研。

6月9日～10日

以色列驻上海总领事艾雅克到东阳市考察，探讨合作意向。

6月28日

在江苏省蒋巷生态园启动的“中国特色村旅游节蒋巷村活动周”中，南马镇花园村被中国村社发展促进会授予“中国旅游特色村”称号。

7月13日

在上海市举行的2009全球中小企业合作大会上，东阳市被全球中小企业联盟授予“全球木雕产业合作基地”称号，成为该组织最新设立的全球十大产业合作基地之一。

7月22日

全国人大常委会副委员长、农工民主党中央主席、中国工程院院士桑国卫，农工党中央副主席刘晓峰、何维带领农工党中央考察团，到东阳市考察指导工作，对《中共中央国务院关于深化医药卫生体制改革的意见》出台后，公立医院如何改革等问题进行调研。

7月25日

东阳市被确定为全省首批10个国家小型农田水利重点县之一，建设时间为3年。

巍峰桃李喷微灌在作业

（图片来源于《东阳日报》）

8月21日

第二届中国工艺美术学会木雕艺术专业委员会委员大会在东阳市召开，大会选举产生中国工艺美术学会木雕艺术专业委员会新一届理事会，亚太工艺美术大师陆光正当选新一届理事会会长。

8月23日

横店集团控股有限公司入选“2009全球华商企业500强”。

8月24日

由中天集团城市轨道交通建设公司承建的广州市轨道交通三号线北延段工程七标项目全部贯通，中天集团成为东阳市首家进入城市轨道交通领域的建筑企业。

8月29日

在上海市召开的第三届中国文化生态旅游高峰论坛暨旅游品牌国际化峰会上，南马镇花园村获“中国最佳文化生态旅游目的地”称号。

9月2日

横店镇获“2009首届浙江最佳投资乡镇(街道)20强”称号。

9月5日

2009年中国企业500强揭晓，广厦控股创业投资有限公司、中天发展控股集团有限公司分别居第134位、287位。

9月8日

市慈善总会在横店镇举行文荣古玩艺术珍品50馆开馆及捐赠仪式。横店集团创始人徐文荣将个人收藏的藏品17178件分25个馆进行捐赠。

9月11日

浙江花园生物高科股份有限公司与世界500强法国安迪苏公司达成战略合作协议。

9月21日

意大利华商总会会长王家厚、德国华人社团联合会执行主席何马招、美国加州金华同乡会会长张益义、芬兰华侨华人工商联谊会会长周盛等10余个国家和地区的侨领，到东阳市考察。

9月22日~23日

国家旅游局专家组到东阳市，对横店影视城旅游资源价值进行评价。

9月26日

由中国村社发展促进会主办、全国村长论坛组委会协办、南马镇花园村承办的中国村庄文化名片首发式在花园大厦举行。首张中国村庄文化名片落户花园村。

9月27日

▶第一届华东地区红木家具采购交易会在东阳红木家具市场开幕。河北省、福建省、广东省、江苏省、山东省、广西壮族自治区等国内红木家具主产区的政府有关领导、红木家具企业及全国30个省、市、自治区的经销商代表1000余人参会。交易会开设约55000平方米的主展区，参展的红木家具生产企业及经销商130余家，为期12天。至2013年9月，已举办5届。

红军长征博览城　　（图片来源于东阳新闻网）

▶横店太阳城红色旅游和国防教育园区（即红军长征博览城、革命战争博览城和国防科技园）被国家国防教育办公室命名为“首批国家国防教育示范基地”。

10月19日

国家知识产权局新农村建设考察组到南马镇花园村考察新农村建设情况。

10月20日

全国政协副主席阿不来提·阿不都热西提、副秘书长蒋作君到东阳市考察。

10月26日

怀万线（东阳段）二期工程开工建设。怀万线二期工程项目起自佐村镇，经三单乡，终于磐安交界的黄斐岭隧道。路线全长23.5千米，有4条隧道、12座桥梁，采用二级公路技术标准设计，设计时速60千米/小时，路基宽10米，路面宽8.5米，总投资3.28亿元。2014年1月23日，怀万线（东阳段）二期全线贯通试通车。

10月27日

中国农技专业技术协会浙江东阳香榧种植与加工技术交流中心在康大实业有限公司挂牌。

10月27日～28日

中国房地产研究会人居环境委员会专家组对人居环境金牌建设试点项目“中天·世纪花城”进行评估验收，“中天·世纪花城”成为浙中地区首个“人居环境金牌住区”。

10月28日

横店影视实验区发展研讨会在北京市举行。

11月6日

第四届中国（东阳）木雕竹编工艺美术博览会在东阳中国木雕城举行。展区中展品有木雕、根雕、木雕（红木）家具、竹编竹雕、综合工艺品五大类。博览会举行木雕、根雕、木雕（红木）家具、竹编竹雕综合工艺品作品评比活动，由中国工艺美术学会组织专家担任评委，评出金、银、铜大奖。

11 月 10 日

东阳磁性材料产业基地被商务部、科技部认定为第三批国家科技兴贸创新基地，是浙江省该次被认定的 3 家单位之一，也是浙江省首批被认定的单位之一。

11 月 17 日

省委书记、省人大常委会主任赵洪祝到中国木雕城东阳木雕集团有限公司销售商铺考察。

12 月 8 日

在全国“教育技术培训促进中小学教师专业化发展”试验区验收观摩会上，东阳市作为全国 7 个最有特色的地区之一、也是唯一一个县级市代表在会上做工作经验交流。

12 月 9 日

吴宁街道西街社区入选国家减灾委员会、民政部联合公布的第三批“全国综合减灾示范社区”名单，成为金华市唯一获此称号的社区。

12 月 21 日

东阳—永康高速公路开工典礼在永康市龙山镇湖塘下村举行。东永高速公路连接诸永高速公路和金丽温高速公路，起自东阳市马宅，止于永康市新店，全长 44.7 千米。东永高速公路按双向四车道设计，主线设计时速 100 千米，路基宽 26 米，工程总投资 29.3 亿元。其中东阳段长 13.84 千米，总投资 10.1 亿元，设马宅枢纽 1 处、千祥互通 1 处，全线涉及 3 个镇 13 个行政村。2015 年 7 月 6 日，东永高速正式开通试运营。

2014 年 12 月 22 日，东永高速公路开工典礼（包康轩 / 摄）

2015 年 7 月 4 日，位于东永高速与诸永高速公路交汇的马宅枢纽（包康轩 / 摄）

12月26日

横店集团控股有限公司被人民日报社网络中心评为“中国十大服务三农最具社会责任企业”。

12月31日

中国广播电视协会电视制片委员会2009年度大会暨新剧推介会在北京市召开,100家影视景地申报参选,横店影视城获首批“国家影视指定拍摄景地”称号。

12月

东阳市被国家知识产权局列为“国家传统知识知识产权保护试点市”。

是年

启动红椿巷区域旧城改造房屋拆迁工作。拆迁范围东至黉门广场,南至吴宁东、西路,西至中山路,北至东、西街,区域总面积约23.35公顷,房屋总建筑面积35万余平方米;区域内有拆迁户2196户,其中有产权的拆迁户1458户(包括1326户内屋住户、86户临主要街道路商业户、46家行政企事业单位和其他经济产权房屋),另有738户无产权居住户。1326户内屋拆迁户按时签约率和按时腾空率均在99%以上,738户无产权居住户全部完成搬迁任务。

2010

东阳建市 30 周年大事记

铜板带生产线　　　　（王江红 / 摄）

2010 年 2 月，浙江昌兴铜业有限公司在南马镇花园村投产；2014 年，更名为浙江花园铜业有限公司；2016 年 6 月，花园铜业年产 10 万吨高精度宽幅铜板带生产线投产。

2010年

1月7日

第三届“长三角最具投资价值县市”评选颁奖典礼在上海市举行，东阳市获“长三角最具投资价值县市”“最具竞争力奖”。

1月9日

东阳市建成最大外来民工公寓。公寓占地8600余平方米，建筑面积36500平方米，可住2000余人。

1月10日

浙中首家农副产品集散中心——富坤农副产品集散中心在东阳市城东街道斯村开业。

富坤农副产品集散中心开业　（孙振华/摄）

1月15日

东阳市横店影视城在“2009年首届长三角旅游风云榜中榜”颁奖仪式上获“长三角十大旅游品牌景区”称号。

1月17日

横店首场艺术品拍卖会“横拍惊奇”在横店镇举行，拍出128件古玩艺术品，成交总额6151.65万元，单品最高价拍到1100万元。

1月19日

东阳市城乡居民社会养老保险基础养老金首发仪式在南市街道大联村举行。

1月21日

市供电局横店供电所被国家电网公司、共青团中央授予“全国青年文明号”称号。

2月2日

投资9200万元、年产25000吨铜材的浙江昌兴铜业有限公司在南马镇花园村投产。2014年，浙江昌兴铜业有限公司更名为浙江花园铜业有限公司。2016年6月6日,浙江花园铜业有限公司(主营浙江昌兴铜业有限公司)年产10万吨高精度宽幅铜板带生产线(一期)投产,总投资6.7亿元。

2月5日

铁路义乌客站至东阳客运班线开通。铁路义乌客站至东阳客运班线投放运力为东阳方6辆,义乌方6辆;线路走向为:东阳汽车客运东站—东阳世贸大道—义乌阳光大道—义乌环城北路—义乌火车站,全程35千米;每天最早发车时间为早上6时整。

2月25日

城北工业新区的7家企业和横店电子产业园区的38家企业举行集体开工建设典礼。

3月1日

市人民医院医疗综合大楼开工建设。该工程地下2层,地上19层,裙房5~6层,建筑高度82.2米,总建筑面积83835平方米,概算总投资3.26亿元,是东阳市最大单体公建项目,也是浙江中西部地区最大单体医疗建筑。2012年12月18日,市人民医院新建成的医疗综合大楼住院部投入使用。

4月8日

中汽·东阳国际汽配城开工建设。2012年10月22日,由中国汽车零部件工业公司投资开发、招商运营及经营管理的新兴外贸型专业市场中汽·东阳国际汽配城开业。伊朗、韩国、印度等国家的近千名采购商与市场的部分厂家

中汽·东阳国际汽配城开业庆典 （孙振华／摄）

签订供货协议。汽配城位于白云商贸园区，是省重点建设项目，总占地10.2公顷，其中一期市场8.3万平方米。市场定位为“汽配厂家全球直销中心”，整合全国六大汽配产业基地资源，玉环、瑞安、金华等汽车配件生产基地的2000余家厂家组团进驻，汇聚2.5万余种汽配产品。

4月10日

2009中国CFO（财务总监）年度人物颁奖典礼暨第六届中国CFO高峰论坛在北京市举行，普洛股份有限公司财务总监葛向全获“2009年度中国优秀CFO”称号。

4月12日

全国链传动行业统计信息网年会在南马镇花园大厦举行。

4月21日

全国政协副主席、民革中央常务副主席厉无畏到东阳市作题为《金融危机下中国创意产业的发展》的专题报告。

4月23日

全国箱包行业“十二五”规划研讨会暨2010年皮件专委会年会在东阳市召开。

5月11日

中纪委副书记李玉赋到东阳市调研，实地考察卢宅明清古建筑群和东阳中国木雕城。

5月12日

国家人力资源和社会保障部副部长杨志明到东阳市调研劳动关系工作。

6月7日

台湾木雕协会理事长王信一带领木雕同行到东阳市参观交流。

6月12日

由中国皮革行业协会和省皮革行业协会的专家、学者组成的考评组授予东阳市“中国箱包产业基地”称号。

6月13日

全国农村党员干部现代远程教育网在“科学发展创先争优”专栏，以《浙江东阳：以“六优化六推进”为抓手深入开展争创先锋活动》为题，刊发东阳市开展争先创优活动的工作部署和特色做法。

6月19日

市首家期货经营机构——新世纪期货东阳营业部开业。

7月

南马镇花园村获首批“全国妇联基层组织建设示范村”称号。

8月20日

团市委在城东街道斯村举行“共青团支持基层青年书屋”授牌及捐赠仪式。青年书屋是由团中央组织部与中国光华科技基金会合作，以“书海工程”为载体，面向基层书屋开展的援建活动。这是金华市首家由团中央援建的青年书屋。

花梨木圆柱木雕《上下五千年》
（图片来源于网络）

9月5日

东阳市千里马城市艺术有限公司创造三项世界纪录——世界最大的花梨木圆柱木雕《上下五千年》、世界最大的花梨木落地屏木雕《百鸟朝凤》、世界最大的花梨木落地屏木雕《清明上河图》，获中国世界纪录协会颁发的世界纪录证书和世界之最证书。

9月8日

▶全国人大常委会委员、教科文卫委员会副主任委员、中国作协副主席金炳华到东阳市对《电影产业促进法》进行立法调研。调研组实地考察横店影视产业实验区和横店影视城清明上河图、明清民居博览城等景区，听取横店影视产业实验区管委会办公室和横店集团相关负责人的专题汇报。

▶中国工程院常务副院长、党组副书记潘云鹤到东阳市考察。

9月20日

▶中国县市报研究会第25次年会暨中国县市区域报报业发展论坛在东阳市召开，全国40余家县市报社的负责人参加，探讨县市区域报的科学发展。

▶中华全国新闻工作者协会党组书记翟惠生到东阳市文化大讲堂，做

《善用媒体,提升舆论引导水平》专题报告。

10 月 6 日

第十届全国"村长"论坛在江苏省江阴市华士镇华西村召开,浙江省东阳市南马镇花园村党委书记邵钦祥被授予"2010 中国功勋村官"称号,是第十届论坛中浙江省唯一获此称号的农村基层干部。10 月 7 日,第十届全国"村长"论坛的分论坛召开,在少数民族村庄旅游发展大会上,东阳市南马镇花园村"中华百村图"被评为"中国乡村文化遗产地标"。

10 月 16 日 ~ 17 日

东盟秘书长中国事务顾问委员会主席杰克·陈到东阳市,对东南亚木材在东阳的使用种类与交易情况进行考察。

10 月 18 日

东阳市举行第五届中国(东阳)木雕竹编工艺美术博览会开幕仪式。展会规模涵盖整个东阳中国木雕城,市场一楼、二楼为木雕(红木)家具经营户展区;三楼为木雕、根雕经营户展区。其中一楼东西通道、南北通道展区展览面积 2 万余平方米,设标准展位 800 余个。

第一艘"东阳制造"帆船成功下水

(串剑博/摄)

10 月 19 日

第一艘"东阳制造"帆船—瓦萨"湖溪号"在湖溪镇的浙江瓦萨帆艇有限公司下线。首届瓦萨中国帆船产业论坛在横店东磁大厦举行。12 月 18 日,"湖溪号"在舟山海域成功下水。

10 月 28 日

市首届残疾人运动会在市残疾人活动中心开幕。2014 年 5 月 8 日,市第二届残疾人运动会开幕,全市各镇乡街道和城北新区的 19 支代表队 300 余名运动员参加田径、举重等 8 项大项 103 个小项的比赛。

11 月 5 日

保加利亚、韩国、日本等多家驻沪总领事馆的总领事、领事、副领事等 20

余人，到东阳市考察访问。

11 月 10 日

新疆阿克苏地区考察团到东阳市考察，与横店集团签署硅铝产业项目合作协议。

11 月 16 日

《人民日报》（海外版）刊登美国 2010 年青年科学家总统奖得奖名单，东阳学子徐浩新入选。

11 月 17 日

▶中国民间收藏文化创新论坛在横店镇举行。

▶举行《中国横店收藏》画册首发式，收藏家代表向浙江华夏文化发展基金会、浙江横店文荣慈善基金会捐赠古玩艺术品。

11 月 18 日

首届浙江省政府质量奖在省人民大会堂颁发，中天建设集团获奖。

11 月

南马镇花园村被中国村社发展促进会特色村工作委员会、亚太农村社区发展促进会、亚太环境保护协会 APEPA 授予“中国幸福村”称号。

12 月 4 日

第二届中国校园电视节暨第七届中国中小学校园电视奖颁奖仪式在横店影视城举行。东阳市横店中心小学的学生胡可可获最佳主持奖。

12 月 5 日

在北京市举行的第五届中国全面小康论坛上，东阳市获“2010 中国全面小康成长型百佳县市”称号。

12 月 20 日

华林证券将 12 亿元募集资金交付给东阳市城市发展公司，金华地区的第一支城发债——“10 东城发债”发行。

12 月 23 日

东阳市南马镇花园村花园红木家具城开业。2012 年 12 月 5 日，花园村被农业部、中国村社发展促进会授予“中国红木家具第一村”。

2011

东阳建市30周年大事记

东阳中国木雕博物馆　　（周晓刚／摄）

2011年6月16日，东阳中国木雕文化博览城暨中国木雕博物馆签约仪式在省人民大会堂举行。2013年3月29日，东阳中国木雕文化博览城项目在白云商贸园区开工。2014年10月18日，东阳中国木雕文化博览城展示中心举行开放仪式。2015年1月30日，东阳中国木雕文化博物馆开馆。

2011年

1月8日

市永达化纤有限公司员工应巧琴获全国纺织工业劳动模范称号，在北京人民大会堂受表彰，是东阳市首位获此称号的纺织女工。

1月10日

东阳市农民工租住地工会建设项目获全国工会基层组织建设工作创新成果奖二等奖，成为浙江省唯一获二等奖的县市级获奖项目。

1月11日

市人民医院与台湾中国医药大学举行合作签约仪式。台湾中国医药大学是台湾著名医学高校，并有多家附属医院，教学、医疗、科研实力雄厚。双方将在医院管理、医疗技术、医学教育和研究等更广泛的领域进行合作与交流。

1月13日

“浙江骄傲——2010年度最具影响力人物”评选在杭州市揭晓，市看守所民警孙炎明被评为“年度最具影响力人物”。2月14日，孙炎明当选“感动中国”2010年度人物。

2010“感动中国”颁奖盛典现场

（图片来源于网络）

1月14日

东阳市被中国电子元件行业协会授予“中国磁都”称号。东阳市是全球最大的磁性材料出口基地，主要产品有永磁、软磁、塑磁、稀土等。生产量占全国总量的37%、世界总量的15%。其中永磁铁氧体、软磁铁氧体是东阳市的强势产品，产量、品种、技术含量均居全国首位。

1月25日

浙江普洛康裕制药有限公司、横店集团得邦照明有限公司、横店集团家园化工有限公司获首届市长质量奖。

3月23日

美国印第安纳州阿尔卡特郡郡长特伦斯·约瑟夫·罗迪诺到东阳市，考察木雕、影视、电机等产业。

3月31日

省委召开建设平安浙江电视电话会议，对深入推进平安浙江建设进行部署安排，东阳市被评为“2010年度全省平安县市区”。

4月7日

省政协主席乔传秀到横店集团东磁股份有限公司光伏园区考察。

4月9日

全国人大常委会副委员长、民建中央主席陈昌智到东阳市视察影视文化产业发展情况。

4月13日

▶中央文献研究室考察组到东阳市考察。

▶中国建设银行东阳支行获2010年度“中国银行业文明规范服务千佳示范单位”称号，这是金华市金融业唯一获此称号的银行。

4月18日

东阳国际木雕产业基地首批18家入园企业签约仪式在市行政中心举行，总投资额达8.5亿元。

4月20日

国家税务总局调研组到东阳市专题调研党风廉政建设责任制贯彻落实情况。

4月20日～21日

中纪委调研组到东阳市，对东阳市国家传统知识知识产权保护试点工作进行调研。

5月15日

省内首个由民营企业投资兴建的油茶科研中心——浙江国本农业开发集团油茶科研中心奠基仪式在东阳市佐村镇山合村举行。至2012年2月8日，国本农业开发集团在罗峰山背建成油茶良种采穗圃66.67公顷。

6月2日

中国行政体制改革研究会秘书长、国家行政学院电子政务专家委员会副主任、国家信息化专家咨询委员会委员汪玉凯在东阳文化大讲堂作《中国社会转型和创新社会管理》专题报告。

6 月 10 日

由中国工艺美术协会主办、省工艺美术行业协会和市工艺美术行业协会承办的“中国工艺美术国家级培训东阳木雕高级研修班”在市委党校开学。

6 月 16 日

东阳中国木雕文化博览城暨中国木雕博物馆签约仪式在省人民大会堂举行。2013 年 3 月 29 日，东阳中国木雕文化博览城项目在白云商贸园区开工。2014 年 10 月 18 日，东阳中国木雕文化博览城展示中心举行开放仪式。东阳中国木雕文化博览城位于东阳江以南、世贸大道以北、昌盛路以东、麻车路以西区域，总用地面积约 49 万平方米，总建筑面积近 90 万平方米，其中东阳中国木雕博物馆 26000 平方米，木雕会展中心 39000 平方米，交易中心超 40 万平方米。2015 年 1 月 30 日，东阳中国木雕博物馆开馆暨作品捐赠仪式举行。捐赠仪式上捐赠壁挂、落地屏、竹根雕、屏风等作品 45 件。亚太地区手工艺大师、中国工艺美术大师陆光正出任首任馆长。东阳中国木雕博物馆是中国第一座全面展示木雕历史文化和艺术，融收藏、研究、陈列等功能于一

2013 年 3 月 29 日，东阳中国木雕文化博览城项目开工　（孙振华 / 摄）

东阳中国木雕博物馆　（孙振华 / 摄）

体的专业木雕博物馆，内设历史厅、生活厅、大师厅、世界厅和竹艺厅5个陈列馆，馆内陈列各类珍贵展品近2000件。2018年2月18日，东阳中国木雕博物馆实行全年免费对外开放。

6月17日

▶转型升级·创新发展2011创新浙江论坛在杭州市举行，东阳市获首批“浙江省创新样本城市”称号。

▶东阳(国际)新型太阳能科技园等26个招商引资项目在市行政中心集中签约，投资总额超过60亿元。

6月29日

盛世天工——中国木雕艺术展在中国国家博物馆开幕。展览由中国轻工业联合会、国家博物馆联合主办，中国工艺美术学会、中国工艺美术学会木雕专业委员会、东阳中国木雕城联合承办，是2003年中国革命博物馆和中国历史博物馆合并成立国家博物馆以来在国家博物馆举办的首次全国性专业展。

盛世天工——中国木雕艺术展　（图片来源于网络）

6月30日

由中组部、中宣部、财政部、国家发改委、人力资源和社会保障部、中编办组成的检查组到东阳市检查宣传文化队伍建设。

7月12日

位于广福东街的建筑业总部基地一期项目开工。东阳建筑业总部基地设在迎宾大道以西、广福路以南，分3期实施。建筑业总部基地一期设在迎宾大道以西、广福街以南，规划用地5.13公顷，共13家企业入驻；第二期规划用地约10公顷；第三期规划用地6.67～13.33公顷。2014年4月17日，入驻的13家建筑企业中，12家结顶。

7月14日

印度驻沪总领事戴思锐到东阳市考察影视产业和经济发展情况。

7月16日

两岸发展研究基金会董事长丁守中到东阳市考察东阳中国木雕城。在东阳中国木雕城内，丁守中走访多家商户并详细了解商品的工艺、材质及销售情况，参观市工艺美术精品馆，了解东阳木雕、竹编的历史及工艺。

7月23日

由国际葡萄酒文化传播中心主办、大周酒业承办的第四届国际葡萄酒文化交流节开幕式在东阳剧院举行。

8月20日

第十一届全国县域经济基本竞争力与县域科学发展评价报告公布，东阳市在全国县域经济百强县（市）中排名第70位，比上年上升4位。

8月

▶东阳市获中央宣传部、司法部授予的2006～2010年“全国法制宣传教育先进县（市、区）”称号。

▶位于江北街道上王小区的市第三期廉租住房动工建设。占地2公顷，建筑面积29528平方米，总套数444套，总投资6128万元。2012年4月19日，第三期廉租住房1号楼、2号楼结顶。

第三期廉租住房施工现场　（包康轩／摄）

9月15日～16日

由13家中央驻浙江省主要新闻单位负责人组成的采访团到东阳市，开展“走基层、转作风、改文风东阳行”活动。

10月5日

东阳市档案馆新馆启用，举行名人档案捐赠仪式。全国政协副主席、民革中央常务副主席厉无畏出席。

10月6日

由中国村社发展促进会、浙江省新农村建设促进会、新华社浙江分社主办，市农办、花园村承办的浙江中心村培育建设发展论坛在南马镇花园村举行。

10月11日

省委书记夏宝龙考察横店镇万盛街。

10月14日

省基层医疗卫生机构综合改革督查组到东阳市，重点对社区卫生服务机构建设、基本药物制度实施情况、医疗资源统筹配置等情况进行督查调研。

10月14日～15日

国际知名恐龙专家、中国恐龙协会会长董枝明到东阳市考察恐龙等古生物化石的保护和利用工作，考察东阳博物馆、中国(东阳)古生物文化产业示范项目选址地块等。

10月19日

巴基斯坦国民议会议员亚斯敏·拉赫曼带领巴基斯坦国民议会妇女代表团到东阳市进行访问。

10月25日

中央党校调研组到东阳市考察党校建设情况。

11月5日

“2011东阳木雕文化万人游”启动仪式在东阳中国木雕城举行。

11月8日

第六届中国(东阳)木雕竹编工艺美术博览会在东阳中国木雕城开幕。该届东博会以“匠心智造，文化中国”为主题，融合传统工艺、非遗和国艺，包含木雕根雕、竹编竹雕、红木家具、古建园林、古玩字画、特色工艺品、文创文旅等展区。

第六届中国(东阳)木雕竹编工艺美术博览会现场 (图片来源于网络)

12月7日

中尼佛教文化园在横店镇举行奠基仪式。这是尼泊尔与中国民间合作的第一个文化旅游项目。中尼佛教文化园建在横店镇南部山麓，项目占地20公顷。文化园以联合国世界文化遗产佛祖释迦牟尼诞生地蓝毗尼为主体内容，复制建设蓝毗尼遗址园、浮图纳特大白塔、中尼文化博物馆、文化体验中心等大型综合性文化旅游场所。

2012

东阳建市30周年大事记

央视《寻宝》栏目录制现场　　（王中华/摄）

2012年7月20日，中央电视台《寻宝》栏目走进东阳新闻发布会在世贸君澜大酒店举行。8月，《寻宝》在东阳市录制四期节目。

2012年

1月5日

东阳市社会保障卡医保“一卡通”首发仪式在市人民医院举行。社会保障卡记录个人信息、就业培训、社会保障等信息，从社保卡医保“一卡通”逐步扩展为具有身份识别、异地就医、社保关系转移、个人账户管理、五险合一、金融增值服务六大功能的现代化社会保障卡。

1月14日

市安监局被人力资源和社会保障部、国家安监总局授予“2011年全国安全生产监督监察系统先进集体”，是浙江省唯一获此称号的单位。

1月15日～18日

中国共产党东阳市第十四次代表大会在东阳剧院召开。徐建华当选中共东阳市委员会书记。

1月21日

市政府与加拿大海飞太阳能有限公司投资签约仪式在市行政中心举行。加拿大海飞太阳能有限公司是一家立足于新能源行业，致力于新技术、新产品开发的企业，该公司投资海飞东阳太阳能科技项目，总投资超过4.8亿元，公司选址城北工业新区和江北高新产业园区。

1月31日

东阳市制定《关于调整和完善人口和计划生育利益导向机制的若干意见》。规定提高农村部分计划生育家庭奖励扶助标准，扩大奖励扶助范围。独女户家庭奖励扶助标准由原来的每月60元提高到120元，其他独生子女家庭奖励扶助标准由原来的每月60元提高到90元。把双农二女户家庭纳入农村部分计划生育家庭奖励扶助制度奖励扶助的范围，奖励扶助标准为每月60元。独生子女死亡家庭特别扶助金由每月150元提高到360元；独生子女伤残家庭特别扶助金由每月120元提高到240元。对已领取独生子女父母光荣证、独生子女14周岁（含14周岁）以内的家庭，实行独生子女户意外伤害保险，保险金额度每户每年30元。

2月5日

为期10天的中国非物质文化遗产生产性保护成果大展在北京农业展览馆新馆开幕。该展览由文化部、国家发改委等部门举办,东阳木雕与东阳竹编两大国家级“非遗”项目展出。全国人大常委会副委员长路甬祥、全国政协副主席阿不来提·阿不都热西提出席开幕式,听取东阳市两大“非遗”项目的生产性保护情况介绍。

2月18日~21日

中国人民政治协商会议第十三届东阳市委员会第一次会议在东阳剧院召开。王正明当选市政协主席。

2月19日~23日

东阳市第十四届人民代表大会第一次会议在东阳剧院召开。施侍伟当选市人大常委会主任,朱建军当选市人民政府市长。

3月22日

由全国人大常委会委员、全国人大环境与资源保护委员会副主任委员汪纪戎,全国人大常委会委员、全国人大环境与资源保护委员会委员郑申侠,全国人大环境与资源保护委员会委员张洪飙带队的调研组到东阳市调研。调研组到东阳中国木雕城、横店影视产业展示馆和横店影视城清明上河图等景区进行实地走访调研。

4月13日

水利部部长陈雷到东阳市调研水利工作,视察横锦水库除险加固工程、歌山镇林头村、建设中的城乡供水工程(第二水厂)现场、东阳江护岸工程。

4月18日

住房和城乡建设部考察组到东阳市考察住房公积金管理和住房保障工作。

4月28日

浙江普洛康裕制药有限公司获中华全国总工会“五一劳动奖状”。是2012年度金华市唯一一家获全国“五一劳动奖状”的企业集体。

5月10日

由文化部主办,文化部社会文化司、省文化厅、中国文化报社和市政府共同承办的全国农民工文化建设现场经验交流会在东阳市召开。东阳市农民工文化活动中心被文化部授予“2012 年农民工文化服务示范项目”称号。

全国农民工文化建设现场经验交流会　（宋水明／摄）

5 月 14 日

东阳木雕以《木雕传奇》的身份进入央视四套《走遍中国》栏目，栏目分三集播出东阳木雕、山顶的巨石阵和“横漂”的诱惑。这是东阳市风土人情在中央电视台播出时间最长的节目。

5 月 16 日

澳大利亚戈斯福德市代表团到东阳市开展友好访问，参观考察东阳中国木雕城、卢宅古建筑群。

5 月 21 日

东阳籍工艺美术师胡冠军设计的红酸枝《万紫千红》沙发在第八届中国（深圳）国际文化产业博览交易会上获“中国工艺美术文化创意奖”特别金奖，实现文博会最高奖“八连冠”。

5 月 24 日

“民营经济在浙江”全国知名网络媒体到东阳市采风，人民网、新浪网、浙江在线等 20 余家知名网络媒体参观横店影视产业实验区和东阳中国木雕城。

5 月 27 日

第五届中国农村发展高层论坛在北京市举行。南马镇花园村作为全国仅有的 3 个农村代表之一参加论坛，花园村党委书记邵钦祥介绍花园村新农村建设的有关情况。

6 月 15 日

▶省政协主席乔传秀到东阳市调研公共文化服务体系建设，实地考察歌山镇尚侃村农村文化建设、野风集团文化活动中心、市博物馆、白云街道综合文化站和杨家农民工文化活动中心。

▶国内首条4K/3D影视后期制作生产线投产新闻发布会暨索尼F65数字电影摄影机交接仪式在横店镇举行，横店影视后期制作技术进入国际先进行列。

6月20日

中国光大银行与横店集团签署影视文化产业战略合作协议。签约仪式上，中国光大银行与浙江横店影视制作有限公司签署贷款启用协议，与浙江横店电影院线有限公司、浙江横店影视城有限公司签署合作协议。

6月26日

东阳市公立医院改革动员大会召开，在金华市率先启动公立医院综合改革试点工作。改革涉及市人民医院、市人民医院巍山分院、市中医院、市妇幼保健院、市横店医院、市红十字会医院、市精神病医院7家市属公立医院，所有药品（中药饮品除外）按进价实施零差率销售，同时适当提高诊查费、护理费、治疗费、手术费。

6月28日

南山省级森林公园笔架山景区详细规划在杭州市通过省级专家评审。

6月29日

东阳市召开“上海滩”影视基地、横店通用机场、“万花园”项目启动仪式。

7月6日

中共中央宣传部秘书长官锦辉到东阳市调研，要求基层公共文化服务体系建设一定要结合基层实际和地域特征，分步骤、分阶段进行。

7月12日

▶省委、省政府印发《关于设立浙江省横店影视文化产业实验区，提升影视文化产业发展水平的意见》，批准设立浙江省横店影视文化产业实验区，为市政府副处级派出机构。

▶全市举行招商引资项目签约会。一次性签约30个项目，涉及9个镇乡街道，计划总投资43.97亿元，固定资产投资34.07亿元，其中设备投资15.6亿元。

7月20日

中央电视台《寻宝》栏目走进东阳新闻发布会在世贸君澜大酒店举行，新华社、《凤凰周刊》《浙江日报》等30余家省内外的新闻媒体参加发布会。8月，《寻宝》在东阳市录制四期节目，分《寻宝——走进中国木雕之都》《寻宝——走进东阳》两个主题，前者在第七届中国（东阳）木雕竹编工艺美术博览会前夕播出，后者在2013年春节后播出。

7月

▶东阳市成为首批国家教育云（国家教育资源公共服务平台）规模化应用试点市。

▶开展违法违规废塑料经营活动专项整治，主要整治分布于画水镇、南市街道等地已有30余年的废塑料行业，对所有违法违规废塑料运输、堆放、分拣、粉碎、清洗、造粒、切片、吹毛等经营活动及违法用地、违法建设进行依法整治。整治分两个阶段进行：第一阶段为规范阶段，时间为7个月。第二阶段为严格整治阶段，根据第一阶段各经营户自行规范情况，对没有进行规范的违法、违规经营户实施严格职法。专项整治关停经营户1275户，完成废塑料整治重点村整治任务21个。

8月17日

卢宅保护利用项目一期工作会议召开。一期征收范围为卢宅街以北、艺海路以东、镇圣塘南侧9米道路以南（包括红线内建筑）、中河路以西，需征收红线用地面积55087.27平方米，拆迁建筑占地面积28732.73平方米，拆迁建筑总面积64234.06平方米，涉及居民301户、单位4家。

8月30日

东阳籍选手杜剑平在伦敦残奥会SB2级男子50米蛙泳比赛中获金牌。杜剑平在伦敦残奥会上获两金一铜。

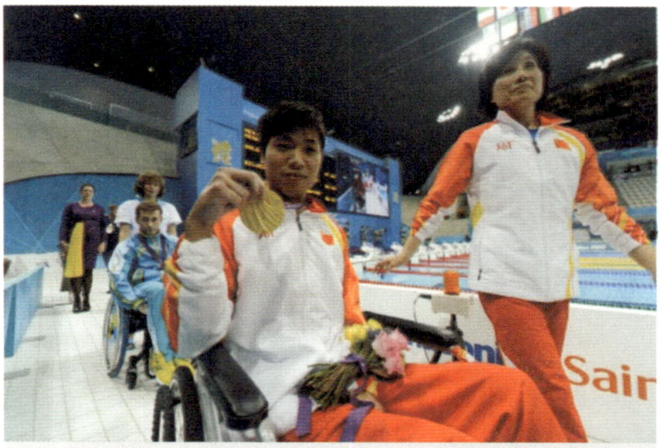

杜剑平　　（市体育局提供）

9月7日

国内知名新媒体专家、清华大学公共关系与战略传播研究所高级研究员、“政务微博观察”首席评论员、“政务微信观察”首席评论员侯锷，到东阳市文化大讲堂，举办主题为《微时代的社会管理和服务创新》的讲座。

9月13日

东阳市引进的首个央企独立投资项目——传感器工业园项目落户城北

工业新区。该项目总投资 10 亿元，2013 年 5 月开工，2015 年 9 月建成投产。

9 月 16 日

花园农发公司获“全国休闲农业与乡村旅游五星级企业（园区）”称号。

9 月 16 日～18 日

首届中国·横店影视节在横店影视产业实验区举行。影视节举办明星“红毯秀”和中国影视“金牛奖”颁奖盛典、“横店之翼”微电影展映周、横店英雄会总决赛、2012 影视文化产业发展横店论坛等活动。

首届中国·横店影视节　（柴澎勇 / 摄）

9 月 26 日

首届中国森林食品交易博览会暨中国（铁岭）榛子节开幕式举行。东阳市被授予“中国森林食品十大产业示范基地”称号。浙江康大科技股份有限公司获中国林业产业创新奖一等奖（森林食品类）。

9 月 28 日

城北工业新区、歌山镇举行工业项目集中开工仪式。9 家企业在城北工业新区木雕产业基地集中开工，5 家企业在歌山镇工业功能区集中开工。城北工业新区木雕产业基地是省重点建设项目，规划建设总用地 200 公顷，计划总投资 30 亿元，产业定位为木雕工艺品、家具、木工机械和其他工艺美术产品的设计、研发、生产；歌山镇工业功能区项目涉及直流电机、电子衡器、园林机械、运动器材等产业。

9月

市教育局被国务院评为全国“两基”(基本普及九年义务教育、基本扫除青壮年文盲)工作先进单位。

10月3日~4日

政协十一届全国委员会副主席厉无畏到东阳市，考察东白山生态旅游风景区、南市街道槐堂村、东阳市明堂红木家俱有限公司、陆光正创作室。

10月5日

南马镇花园村被农业部、中国村社发展促进会授予“中国红木家具第一村”称号。

10月18日

浙江股权交易中心成立暨区域性股权交易市场启动仪式在浙江省人民大会堂举行，浙江康大科技股份有限公司成为浙江省首批挂牌上市的55家企业之一。

10月20日

中央书记处书记、中央纪委副书记，省委书记、省人大常委会主任赵洪祝，对新华社记者采写的题为《浙江东阳花园村30年矛盾“不出村”带来三大启示》内参稿件作重要批示，肯定花园村新农村建设取得的成果以及社会管理创新实践的有效途径。

10月21日

由东阳籍经济学家、知名学者董志龙编著的《资本革命》，在北京王府井图书大厦举行图书签售活动，该书被国家有关部门指定为“十八大”代表读本。

10月23日

南山省级森林公园笔架山景区、水竹坞景区的工程设计方案通过论证。南山省级森林公园划分为神仙顶、水竹坞、双岩尖、笔架山4个景区。笔架山景区位于公园的东端，是森林公园中距城区最近的景区。水竹坞景区位于公园的中部，其景点主要集中在万松港—水竹庵、龙尾湖—徐潭。

11月8日

为期5天的第七届中国(东阳)木雕竹编工艺美术博览会开幕。主会场设

34个展区，展出27个地区的木雕作品，首次设立中国木雕艺术大师作品展区，集中展示“国字号”大师的47件作品。

11月18日

东阳中学举行百年校庆。赵洪祝、夏宝龙等领导以及北京大学、清华大学、复旦大学等全国30余所大专院校发来贺信。全国人大常委会副委员长韩启德、全国政协副主席厉无畏、中国科学院院长白春礼、诺贝尔物理学奖获得者李政道等分别为东阳中学建校一百周年题词。东阳中学87届校友潘建伟代表东阳中学校友讲话。东阳中学创建于1912年，是浙江省首批一级重点中学之一。百年来，东阳中学先后走出10名院士、500余名博士、5000余名教授。

东阳中学百年校庆会场　（施海刚／摄）

12月1日

第一张现代服务业增值税专用发票在市办税服务大厅开出，东阳市交通运输业和部分现代服务业营业税改征增值税试点工作启动。

12月13日～17日

浙江省首个在杭州市举办的县级市工艺美术大展——东阳工艺美术2012杭州大展开幕。东阳工艺美术杭州大展设500余个展位，分设大型组雕展区、紫檀艺术品展区、大师作品展区、竹编竹根雕展区、红木家具和其他工艺品展区，展出各类工艺精品数千件。东阳市200余家工艺美术单位、金华市级以上近百名工艺美术大师的作品参展。

12月19日

南马镇花园村举行国家AAAA级旅游景区挂牌仪式，成为浙江省首家以村为单位创建的国家AAAA级旅游景区。

12月20日

市建筑业管理局被人力资源和社会保障部、住房和城乡建设部评为"全国住房城乡建设系统先进集体"称号。

12月21日

中央委员、国家行政学院党委书记、副院长李建华到东阳红木家具市场考察。

2013

东阳建市30周年大事记

东阳市总部中心　　（许秀成/摄）

2013年2月27日，东阳市总部中心开工建设。2014年10月，东阳市总部中心G地块主体大楼结顶。

2013年

1月14日

浙江电视台新农村频道《流动大舞台》栏目走进城东街道斯村。录制的节目于2月17日在浙江电视台公共新农村频道播出。《流动大舞台》是省委宣传部和省广电集团“千镇万村种文化”活动的重点栏目之一，是一档旨在通过电视全方位展示具有当地特色的文化，为当地老百姓搭建一个展现自我平台的对农综艺节目。

1月16日

人力资源和社会保障部、住房和城乡建设部、国资委、国家工商总局、全国总工会五部委组成联合督查组到东阳市检查农民工工资支付专项检查工作情况。督查组到横店人民医院建筑工地，对东阳市农民工工资支付进行专项检查。

1月19日

由中国科学报社、人民网、新浪网、科学网主办的“2012中国科学年度新闻人物”评选揭晓。东阳籍科学家、中科院院士潘建伟以“首次实现高效长寿量子存储”入选“2012中国科学年度新闻人物”。2月14日，潘建伟和陆朝阳等组成的科研团队在国际上首次实行基于量子点脉冲共振荧光的确定性高品质单光子源。该研究工作以长文的形式发表在《自然》杂志的子刊《自然·纳米技术》上。10月30日，潘建伟获2013年度何梁何利基金的最高奖——“科学与技术成就奖”。

1月21日

东阳市花园红木家具展示中心三期（精品馆）开业，近300家品牌经营户入驻。一、二、三期市场总投资12亿元，总面积21.6万平方米，拥有经营户近千家，是全国最大的专业红木家具市场。

2月26日

农业部副部长张桃林到东阳市调研农机推广及现代农业发展情况。张桃林到市农机管理总站了解农机推广、农机补贴、农机安全监理等工作，询问农机购置补贴的操作流程、补贴力度等情况。在城东街道斯村，张桃林参观城郊现代农业综合区公共服务中心及现代农业园区，重点了解斯村在发展城郊蔬菜基地上的做法。

2月27日

东阳市总部中心一期开工建设。总部中心一期地处江北街道，人民路以东、学士路以西，广福街与艺海路交叉口两侧，占地约56公顷，建筑面积约95万平方米，规划建设总部大楼、行政服务中心、人才公寓、CBD中央商务区、大型购物中心、猴塘城市文化公园等项目，形成办公与居住相配套、商务与商业相融合、未来东阳市最具商业潜力的核心区域。先期启动的G地块规划建设8幢总部大楼，总建筑面积约26万平方米。2014年10月，东阳市总部中心G地块主体大楼结顶。

3月2日

农业部公布2012年10个“中国最有魅力休闲乡村”名单，南马镇花园村位列其中，是全省唯一入选村庄。

3月5日

国务院公布第七批全国重点文物保护单位，全省99处，湖溪镇马上桥花厅作为古建筑类，位列其中。这是继卢宅古建筑群、西周春秋土墩墓群后，东阳市第三处全国重点文物保护单位。6月6日，湖溪镇马上桥花厅举行“全国重点文物保护单位”揭牌仪式。马上桥花厅又名“一经堂”，始建于清嘉庆二十五年（1820），落成于清道光十年（1830），道光十九年（1839）增建第四进后堂。花厅占地1797平方米，共44间房，建筑面积2793平方米，呈“且”字形平面布局，由门楼、前厅、中堂、后堂加左右厢楼组成，有272根落地柱。其中门楼

湖溪镇马上桥花厅举行“全国重点文物保护单位”揭牌仪式

（孙振华／摄）

院落12间，正厅院落16间2弄，中堂院落13间2弄，后堂院落9间。花厅建筑采用大量木雕工艺构件，是东阳市古代建筑的一个典型代表。

3月8日

省残联、省文化厅、省体育局、省财政厅联合发文命名浙江省首批残疾人文化艺术体育基地，东阳市聋哑学校和残疾人体育训练中心分别被确定为首批残疾人文化艺术基地和体育基地。

3月19日

浙江东阳建工集团有限公司、浙江花园建设集团有限公司被中国施工企业管理协会评为2012年全国优秀施工企业。

4月8日～9日

国家新闻出版广电总局调研组到东阳市调研县级城市数字影院建设和农村电影放映“2131工程”开展情况、横店影视产业实验区发展情况。

4月14日～16日

亚太地区手工艺理事会主席嘎达、中国工艺美术协会秘书长王山，对东阳市申办世界手工艺理事会成立50周年庆典暨申报“世界木雕之都”工作进行考察。9月25日～27日，世界手工艺理事会在东阳市召开理事长工作会议，对东阳市申报“世界木雕之都”的评审工作进行讨论。“世界木雕之都”评审结果反馈会通过东阳市“世界木雕之都”的申请。2014年10月，世界手工艺理事会授予东阳市“世界木雕之都”称号。

“世界木雕之都”评审结果反馈会（宋水明／摄）

4月17日

国家工商总局公布2010～2011年度“守合同重信用”企业名单，中天建设集团有限公司、鼎立建设集团股份有限公司、浙江联宜电机股份有限公司和歌山建设集团有限公司4家企业列入。

4月20日～21日

由中国医院协会和健康报社共同主办的公立医院法人治理结构改革论坛在东阳市举行，全国各地280余人共同探讨公立医院的管理体制改革。市人民医院院长应争先在论坛上作《东阳市人民医院法人治理结构改革》的主题报告。

4月25日

中央电视台特约评论员、国家发改委城市和小城镇中心研究员杨禹到东阳文化大礼堂解读全国“两会”热点。

4月30日

东阳市诞生全国首张第三方红木家具质量智能防伪电子身份证。这个智能防伪识别系统将芯片直接植入家具，每个产品都有一个全球唯一的ID身份，无法更改。

5月6日

东阳市红十字救援队成立。东阳市红十字救援队筹建于2012年，队员由户外运动爱好者、无线电爱好者及其他各界爱心人士组成。

5月9日

横店集团东磁股份有限公司的金太阳示范项目并网输电，是全国利用自有厂房屋顶光伏发电单体最大项目，年发电量2000万千瓦时。项目选址在横店东磁光伏园区和湖头陆工业区东C厂房屋顶，建设面积约21万平方米，安装单晶、多晶太阳能电池组件92152块，建设规模20.7兆瓦，总投资2亿元。

横店东磁光伏屋顶太阳能板　（何文/摄）

5月16日

市政府印发《东阳市基本医疗保险实施办法》，决定从2013年7月1日起建立城乡统一的基本医疗保险制度，完善职工基本医疗保险政策，将原城镇居民医疗保险和新型农村合作医疗保险合并为城乡居民医疗保险制度。

5月30日

人民网、新华网、搜狐网、腾讯浙江、新浪浙江等30余家全国知名网络媒体记者，到南马镇花园村参观花园陈列馆，走访花园村农户、花园红木家具展示中心、农业园等地，对花园村新农村建设进行采访，挖掘报道该村经济快速发展的原因。

6月4日

2013横店夏季全国电影院线影片推介暨市场研讨会在横店镇召开，全国40余条电影院线和近20家片方代表参加。

6月5日

由市委宣传部、市五创办、市生态办、市环保局和团市委等联合发起的“美丽东阳、绿色出行”自行车骑行活动，在市区节庆广场启动。

6月10日

浙江横店影视制作有限公司出品的第二部中澳合拍片《幸福卡片》在意大利第三届社会性世界电影节上获四项提名。

6月11日

“神舟十号”飞天，何福礼的竹编作品《关爱》、黄小明的木雕作品《吉庆平安》经数字化处理后，存入“神舟十号”航天主题艺术芯片，随“神舟十号”圆梦天宫。

6月22日

东阳籍专家、浙江省医学科学院生物工程研究所所长郭潮潭入选“科学中国人2012年度人物”。郭潮潭是浙江省“千人计划”特聘专家，长期从事病毒病细胞受体的研究工作，其研究成果获2012年浙江省中医药科技奖和2013年浙江省医药卫生科技一等奖。

6月28日

东阳二中迁建工程开工建设。该项目选址在环城东路以东、环城北路以南、老东嵊线以北、一都许以西地块，建设规模60个班，总用地面积约15公顷，总建筑面积7.4万平方米，总投资2.6亿元。是浙江省和金华市重点项目。2016年8月，东阳二中迁建工程完成并交付使用。

新东阳二中校园建筑群　（包康轩/摄）

7月13日

市人民医院与复旦大学附属肿瘤医院（上海市肿瘤医院）缔结为合作医院，复旦大学附属肿瘤医院合作医院挂牌。

8月4日

泰国《民俗报》、韩国《先驱报》等20余家亚洲国家主流媒体及中国主要涉外媒体的29名中外记者，在横店镇参加“2013连线浙江——美丽浙江行”亚洲媒体记者采访活动。

8月22日

根据中国轻工业联合会《关于授予中国轻工行业特色区域荣誉称号的行业规范》和中国家具协会《中国家具行业特色区域荣誉称号的管理办法（修订）》，中国家具协会同意与市政府共建“中国红木（雕刻）家具之都”。9月9日，第五届全国红木家具经销商大会暨第五届华东地区红木家具采购交易会在东阳市开幕。东阳市被中国家具协会授予“中国红木（雕刻）家具之都”称号。

8月29日

全国工商联公布“2013中国民营企业500强”名单，中天发展控股集团有限公司、广厦控股集团有限公司、歌山建设集团有限公司和花园集团有限公司4家企业列入。

8月

▶东阳市人民法院在淘宝网司法拍卖平台完成市首例房地产网络司法拍卖。

▶由大清翰林古典艺术家具有限公司历时6年制作完成的巨型红木家具——中华世纪耕织大柜申报3项世界吉尼斯纪录，并通过初审。

▶市博物馆馆长陈荣军撰写的《浙江东阳发现新种甲龙——杨岩东阳盾龙》一文，在国家《地质学报（英文版）》2013年第三期上发表。以东阳为名的恐龙新种——杨岩东阳盾龙获命名。

9月4日

▶国务院医改办评估组到东阳市评估、调研东阳市公立医院综合改革情况。

▶国家中医药管理局中医药信息化调研组到市中医院调研信息化建设工作。中医药信息化建设是中医药事业健康发展的重要保障，信息化建设基本覆盖门诊、住院、护理、检验、医技科室、挂号收费等各方面，在浙江省县级医院中，市中医院较早开展电脑信息化管理开发和应用。

9月8日

任梦茜 （市体育局提供）

在第十二届全国运动会女子撑竿跳高项目中，东阳籍运动员任梦茜以4.4米的成绩获银牌。

9月14日

李新良到北京市参加第六次全国残疾人代表大会，是金华市唯一一名出席会议的正式代表。

9月

东阳市中洲钢带有限公司的“基于冲压型生产工艺的高碳铬轴承薄钢带”、东阳市金砖磁业有限公司的“无稀土置换的新型高性能永磁铁氧体材料研发”、中核苏阀横店机械有限公司的“超临界火电机组配套阀门特种铸件技术研究与产业化”、东阳市东政电机有限公司的“直线电机性能在线测试系统”4个项目获国家创新基金立项，占金华市15个项目的26.7%，可获国家级科技财政资助300万元。

10月12日

德国迪恩市市长保尔·拉如率代表团到东阳市考察。德国北莱茵州迪恩市位于国际著名的传统工业区——鲁尔区内，汽车、化工、造纸、纺织、机械、电子等产业发达。

10月18日

▶全国政协常委、海协会会长、商务部原部长陈德铭到东阳市考察全国重点文物保护单位卢宅、东阳中国木雕城。

▶全国人大常委会原副委员长盛华仁、全国人大财经委副主任委员吕祖善到东阳市考察影视文化产业。盛华仁对如何为影视企业后期制作提供服务进行了解。

10月24日

国家教育资源公共服务平台规模化应用试点工作会议在北京市召开。东阳市作为首批国家教育资源公共服务平台（即“国家教育云”）规模化应用试点县市的两家代表之一，作典型发言。

10月28日

东阳市被国家老年体育协会命名为“全国老年气排球之乡”。东阳市1999

年引进老年气排球，发展4万余名气排球爱好者，拥有省百佳优秀社会体育指导员1人，一级裁判员4人，二级裁判员57人，三级裁判员324人，三级教练员168人，三级辅导员99人，拥有室内外气排球场1209个。

10月28日～30日

美国科科莫市市长格雷戈·古德奈特率代表团到东阳市考察。科科莫市于1865年建市，位于美国印第安纳州的中北部，是印第安纳州的工商业城市，也是印第安纳州的第十一大城市。2017年12月7日，东阳市与美国科科莫市缔结为友好城市。

2017年12月，美国科科莫市市长格雷戈·古德奈特到木雕小镇考察　（图片来源于网络）

10月

由中国民营企业联合会、中国统计协会、中国管理科学研究院企业研究中心联合组织的2013年中国民营500强企业榜单发布，东阳市5家企业上榜。分别是：广厦控股集团有限公司、中天发展控股集团有限公司、东兆长泰投资集团有限公司、花园集团有限公司、歌山建设集团有限公司。

11月7日

“中国梦·电影梦——中国电影产业未来走向”2013年影视文化产业发展横店论坛在横店镇举行，全国数十家影视公司的代表和众多香港电影人参加。

11月8日～12日

第八届中国（东阳）木雕竹编工艺美术博览会在东阳中国木雕城举行。展会设36个展区931个标准展位，有来自全国20余个木雕主产区的上万件木雕竹编精品参展，包括木雕、根雕、木雕红木家具、竹编竹雕、特色木制工艺品、古玩、字画等。举办“精工善艺——百件木雕（竹编）大师作品展暨专场拍卖”活动、“第三届中国木雕红木家具发展论坛”，举行中国大宗红木现货电子交易平台启动仪式、国家标准《红木》修订起草小组第二次工作会议暨东阳红木企业座谈会。博览会交易额5.5亿元，客流量34万人次；签约重点招商引资项目25个，项目总投资31亿元。

11月13日～14日

环保部生态司调研员吕桂甫率生态镇考核验收组，对东阳市申报的10个国家级生态镇乡(横店镇、南马镇、巍山镇、歌山镇、湖溪镇、虎鹿镇、东阳江镇、马宅镇、佐村镇和三单乡)进行考核验收。

11月15日～17日

中国古生物学会第十一次全国会员代表大会暨第二十七届学术年会在东阳市召开。全国各地高等院校、科研院所、能源与地质勘探和生产部门、博物馆、地质公园、化石保护及出版等行业近80个单位450余名专家学者、科技工作者和研究生代表等参加年会。东阳市博物馆被授予“中国古生物学会科普教育基地”称号。

市博物馆被授予“中国古生物学会科普教育基地”称号　（图片来源于网络）

11月15日

►科技部公布2013年全国县(市)科技进步考核科技进步先进县(市)名单,东阳市入选。

►农业部公布全国100个“一事一议规范管理县”名单,东阳市成为浙江省4个获该称号的县(市、区)之一,也是金华市唯一获该称号的县(市、区)。

11月28日

全国公安影视东阳创作基地在市公安局挂牌成立,是全国公安文联在东阳市设立的首个公安影视创作基地。

11月30日

在由农业部、住建部、国家旅游局等举办的2013“中国最美乡村”评选中,南马镇花园村获“中国十大最美乡村”称号。

“中国十大最美乡村”奖杯（花园集团提供）

11月

东龙酒业酒文化馆在东阳市湖溪镇东龙酒业公司湖溪酒厂开馆，参加2013中国红曲酒保护与传承高峰论坛的专家、学者到场参观指导。该公司的“金华酒东阳酿造技艺”被列入国家级非遗目录，该公司被列入非遗传承基地，被确定为国家指南针计划落实单位。

12月6日

新S310（37省道）嵊义线东阳李宅至义乌青岩刘改建工程（东阳段）开工。新S310（37省道）嵊义线全长21.51千米，总投资14.32亿元，是东阳市交通建设史上第一个单体投资最大、技术标准最高、隧道单洞最宽的公路建设项目。该省道调整列入国道网——G527，是东阳市首条建成投用的国道项目。项目起点位于东阳市城东街道李宅社区东侧，与老37省道相接，路线往西南方向，跨迎宾大道、39省道，由白云街道紫荆庄园小区西南进入义乌市境内，采用一级公路标准设计，设计时速80千米，其中李宅至南午岭段为双向四车道，南午岭至义乌交界段为双向六车道，在东阳境内设城东街道五四村、迎宾大道（上新屋大桥）、南午岭、东义路等连接路口。2017年6月30日，新S310（37省道）嵊义线东阳李宅至义乌青岩刘改建工程（东阳段）通车。

新S310（37省道）嵊义线通车　　（市交通局提供）

12月12日

中宣部、科技部、文化部、国家新闻出版广电总局联合下发通知，横店影视产业实验区获批第二批国家级文化与科技融合示范基地，是入选的全国18

个示范基地中唯一一个非省会城市或计划单列城市。

12月17日

在由中组部、中宣部、人力资源社会保障部和国家公务员局组织的第八届全国“人民满意的公务员”“人民满意的公务员集体”评选表彰活动中，孙炎明获“人民满意的公务员”称号，是浙江省公安机关唯一获该称号的民警。

12月24日

金华—高雄邻里结对交流座谈会暨签约仪式在南马镇花园大厦举行，东阳市南马镇花园村、义乌市鸡鸣山社区等8个村和社区与台湾高雄的社南里、立德里等地结为友好邻里。

12月

在2013年国务院发展研究中心、中国发展观察杂志社举办的中国经营大师评审活动中，南马镇花园村邵钦祥获“中国经营大师”称号。

2014

东阳建市30周年大事记

东白山七夕露营　　（陈林旭/摄）

2014年12月29日，省政府批准设立东阳市东白山省级旅游度假区。

2014 年

1 月 7 日

市护河总队成立暨万人护河行动启动仪式举行。护河总队下设业务指导组、检查考核组 2 个专业小组，东阳江、南江、白溪江、柽溪江、清溪 5 个护河支队，上卢管理处和各镇乡街道 19 个护河大队，青年、妇女、义工 3 个护河直属队。

1 月 12 日

横店集团创始人、横店共创共有共富共享工作委员会主席徐文荣获评“2013 中国经济年度人物”。

1 月 29 日

市委办、市府办制定《关于全面推进农村生活污水治理工作的实施意见》，要求三年后全面完成未开展治理的 135 个建制村、832 个自然村的污水治理任务，农村生活污水治理启动。

2 月 6 日

东阳市在金华各县市中率先完成城乡居民成年人社会保障卡发放工作。全市完成 475106 张城乡居民社会保障卡制作，成年人持卡率 99%。

2 月 21 日

东阳市新华书店被中宣部、文化部评为“第五届全国服务农民、服务基层文化建设”先进集体。

2 月 22 日

东阳市“扩大有效投资月”活动暨“五水共治”第一批 108 个项目联合开工仪式在江滨湿地公园建设现场举行。首批建设项目 108 个，总投资 28.37 亿元，其中“治污水”项目 80 个，投资 23.49 亿元；“防洪水”项目 24 个，投资 4.3 亿元；“排涝水”项目 1 个，投资 500 万元；“保供水”项目 2 个，投资 1200 万元；“抓节水”项目 1 个，投资 4000 万元。

3 月 1 日

望江大桥开工。大桥横跨东阳江，位于中山大桥与临江大桥之间，歌山画水公园与亲子公园西侧。大桥总长536.51米(含主桥及引道部分),引道起点为望江南路与江滨南街交会处,终点为望江北路与江滨北街交会处,道路等级为城市主干道,道路红线宽度43米,中间跨越东阳江,桥梁部分采用简支结构,总长230.23米,宽度39米,双向6车道。于2015年5月30日通车。

望江大桥施工现场 （图片来源于网络）

3月12日

东阳市十四届政府第三十五次常务会议决定,从2014年1月1日起,城乡居民社会养老保险基础养老金最低标准由每人每月90元调整为110元。

3月14日

东阳市30家农户分别得到20万元至100万元不等、共计1280万元的自助授信。这是东阳市首次以采用个人信用为主、“金融自助风险保证金”担保为辅的模式为客户提供服务。

3月18日

位于六石街道石马村附近的吴宁变电站投入运行,该变电站为金华市第四座、东阳市首座500千伏变电站,是华东地区首个500千伏全数字化智能变电站。500千伏吴宁变电站是国家重点能源建设项目,由省电力设计院设计,浙江省送变电工程公司承建,省电力公司检修分公司负责运营,占地5.22公顷,总投资4亿余元。2015年6月6日,500千伏吴宁变电站工程被中国电力建设企业协会评为2015年度中国电力优质工程奖。

吴宁变电站 （包康轩/摄）

3月20日

东阳市首例涉嫌污染环境罪案开庭审理并当庭宣判，两名被告人各判处有期徒刑1年，并处罚金1万元。

3月24日~27日

浙江花园影视文化传媒有限公司的《大明按察使》《大明按察使之铁血断案》两部作品参加在香港会议展览中心举办的第18届香港国际影视展。

3月29日

浙江东阳国家香榧生物产业基地通过国家林业局科技司组织的评审，该基地是全省首个国家级生物产业基地，也是唯一的国家级香榧生物产业基地。

3月29日~30日

东阳市首届二手车交易博览会暨汽配城二手车市场开业庆典在汽配城举行。汽配城二手车市场位于白云商贸园区东阳国际汽配城内，交易大厅内有金华车管所东阳工作站、东阳市价格事务所工作站等政府机构进驻，市场承担着东阳籍二手车过户评估、查验、发证等工作，为客户办理二手车交易过户提供一站式服务。

4月10日

东阳、义乌“双城游”签约暨启动仪式在东阳中国木雕城南大门广场举行。东阳和义乌两市相距10余千米，同为全国县域经济百强县市、中国优秀旅游城市。东阳市有国家AAAAA级旅游景区1家、国家AAAA级旅游景区4家，2013年接待国内外游客1350余万人次。义乌市是全国唯一县市级的国家级综合改革试点县市、全球最大的小商品集散中心，2013年客流量1000余万人次。

4月15日

省重点工程项目东阳市体育馆开工。东阳市体育馆选址在迎宾大道以东、江滨南街以南、规划中的兴平东路以北，规划中的40米道路以西的城东街道东锋村地块，计划用地6.6公顷，建筑占地面积13833平方米，项目概算投资32792万元。2016年，市体育馆

在建中的市体育馆　　（包康轩/摄）

完成主体工程建设，进入精装修程序。2018 年，市体育馆工程进入室内装饰阶段，周边配套工程进入地下管网、桥梁施工阶段。

4 月 21 日

浙江中信红木家具有限公司股权在深圳前海股权交易中心挂牌上市，是全国首家股权上市的红木家具企业。

4 月 22 日

市食品药品监督管理局、市工商行政管理局、市质量技术监督局的职责进行整合，组建成立市市场监督管理局。

4 月 26 日 ~ 27 日

海峡两岸医疗品质管理论坛暨台中荣民总医院交流会在市人民医院举行，海峡两岸 70 余家医疗机构的 400 余名医学专家及医务工作者代表参加论坛。论坛由浙江省医疗质量控制与评价办公室、台湾台中荣民总医院和市人民医院联合举办，共同探讨医疗品质管理的理论与实践，对医院质量评价、手术室内部质量管理等进行交流。

5 月 8 日

毛里求斯、牙买加、汤加等 7 国大使或代办，委内瑞拉、秘鲁、古巴等 26 国的总领事（领事）及随行人员 59 名外国贵宾到东阳市参观游览横店秦王宫、清明上河图以及梦幻谷景区。

5 月 11 日

市民间融资服务中心在市区通江路举行开业仪式，这是金华地区成立的首家民间融资服务中心。

5 月 16 日

中共中央政治局委员、中央书记处书记、中宣部部长刘奇葆对东阳市影视产业文化进行调研。

5 月

东阳市对 2013 年进入省股权交易中心挂牌交易的 4 家企业进行奖励，拨付专项资金 120 万元，这是东阳市首次兑现股交中心扶持政策。

6 月 6 日

由新华网主办、东作云公司承办的多维“东作云”全球发布新闻发布会在东阳海德建国酒店举行。“东作云”在原来东阳红木家具市场的基础上，建立起线上网络市场，把传统的红木家具通过智能科技的方式和新兴的营销渠道展现给全球。

6月7日~8日

在第十六届中国浙江投资贸易洽谈会、第三届中国海洋经济投资洽谈会、2014中东欧国家特色产品展、第十三届中国国际日用消费品博览会上，东阳市现场签约项目4个，总投资额超14亿元。

6月20日

在歌山镇王村光村殿下草干山脚发现一座西汉土坑墓，出土青铜篦、铁釜、原始瓷罐等珍贵文物10余件。

6月28日~30日

由中国村社发展促进会、中国农业大学、中国农业出版社、农民日报社等单位主办，南马镇花园村承办的第八届全国大学生村官论坛暨全国村长论坛第十次执委会议在南马镇花园村召开。全国各地近500名新老优秀大学生村官代表参加。6月28日，第八届全国大学生村官论坛暨全国村长论坛第十次执委会议的美丽花园·中国典范演讲比赛暨迎宾文艺晚会在南马镇花园剧院举行。

美丽花园·中国典范演讲比赛暨迎宾文艺晚会　（包康轩/摄）

6月29日

布展面积3200平方米的中国农村博物馆在南马镇花园村开馆。中国农村博物馆设前言序幕馆、政策制度馆、农村变迁馆、农村民俗馆、中国名村馆、中国江河源头馆、百村名印馆、领导关怀馆、全国“村长”论坛馆以及花园村馆等分馆,有馆藏物品上千件。

花园农村博物馆 （王江红 / 摄）

6月30日

第16届全国设计大师奖暨东阳中国木雕城杯·新国艺创意设计大赛颁奖典礼在东阳中国木雕城举行。中国、德国、法国、芬兰、希腊、日本6个国家的17名评审,在1670件入围作品中确定366件获奖作品。《霾伏》《“我”的多次曝光和异形同构》《Blind Watches》《可移动工作站》《NO BRAND》5件作品获金奖。

7月1日

东阳城区建设路、朝阳路、东岘路、青春路、迎晖路、爱国路、大明路7条道路对机动车实行单向通行,是东阳市首次实行道路单行。

7月16日

东阳中国木雕城二期获在海南省三亚市海棠湾举行的博鳌·21世纪房地产论坛年度金砖奖——最佳文化产业传承大奖。是2014年浙中地区唯一获该权威奖项的地产项目。

7月24日

市委、市政府新闻办公室官方微博、微信“东阳发布”上线。“东阳发布”是集权威信息发布、热点事件回应、民生信息服务、美丽东阳展示于一体的新型网络服务平台。

8月5日

省委副书记、省长李强到东阳市调研指导旅游业发展情况。

8月7日

▶省委书记、省人大常委会主任夏宝龙考察浙江思科国祥制冷设备有限公司。

▶海外东阳籍博士教授回家乡助发展活动项目推介会在横店镇举行。5名博士教授推介先进半导体存储芯片、新型抗炎药物等7个高科技项目，涵盖电子、生物医药、新材料、新能源、节能环保等行业领域。

8月18日

广厦控股集团有限公司、中天发展控股集团有限公司、浙江海天建设集团有限公司、花园集团有限公司、歌山建设集团有限公司5家企业入选全国工商联评选的“2014中国民营企业500强”榜单，东阳市花园集团有限公司入选“中国民企制造业500强”榜单。

8月

住建部、国家发改委等7部委联合公布全国重点镇新名单，横店镇、巍山镇、南马镇入选。

9月1日

东阳市制定《关于加快发展养老服务事业的实施意见》，把发展养老服务事业放在与教育、医疗卫生等同等重要位置抓实抓好，到2020年，全面建成以居家为基础、社区为依托、机构为支撑，功能完善、布局合理、规模适度、覆盖城乡的养老服务体系；基本形成“9463”的养老服务总体格局，即94%的老年人居家接受服务，6%的老年人在各类养老机构接受服务；不少于3%的老年人享有养老服务补贴。

9月4日

鼎立建设集团股份有限公司（简称“鼎立集团”）重组方案经中国证监会并购重组委员会审核通过。鼎立股份将通过发行股份、支付现金购买资产、募集配套资金等方式，募集资金23.3亿元。2017年5月，市公安局、市人民法院、市处置非法集资办公室等相关部门对鼎立集团涉嫌非法吸收公众存款案展开案件调查，警方对公司相关责任人采取刑事强制措施。案件查办后，鼎立集团进入破产程序，市人民法院将公告启动债权、债务申报登记。

9月8日～10日

在亚洲品牌协会、亚洲电视台、中国经济导报社等共同主办的第九届亚洲品牌盛典中，浙江金路达皮具有限公司入围“亚洲品牌”500强。

9月12日～13日

培育和践行社会主义核心价值观工作经验交流会在北京市举行。市委书记徐建华就东阳市农村文化礼堂建设工作做交流发言。

9月13日

2000届东阳中学毕业生、中国科学技术大学教授陆朝阳在上海复旦大学举行的“求是”奖颁奖典礼上获“求是杰出青年学者奖”。将连续三年获得每年5万美元的资助。“求是杰出青年学者奖”由著名爱国实业家查济民先生及其家族于1994年在香港创立，先后奖助120名杰出青年学者。

9月30日

国家首个“烈士纪念日”，市领导与部队官兵、军队离退休干部、各界群众、少先队员等代表220人到市革命烈士陵园参加“烈士纪念日”公祭活动。

“烈士纪念日”公祭活动　（孙振华／摄）

10月1日

东阳市按照新的最低工资标准对职工最低月工资标准进行调整。职工最低月工资从2014年的1310元调整为1470元，非全日制工作最低小时工资标准由2014年的10.7元调整为12元。

10月8日

东阳市实行社保卡“就诊一卡通”，社保卡具有医保结算支付、金融服务、就诊一卡通等新功能。社保卡将进一步拓展功能，推出养老保险支付、社保缴费等多种业务。

10月9日

中医中药中国行——走进妇幼暨中西医结合小儿咳喘中心成立仪式在东阳市妇女儿童医院举行。“中医中药中国行”大型科普宣传活动，是由国家中医药管理局牵头，17个部门和单位共同主办的一次面向全社会的大规模中医药宣传活动，主题是“传承中医国粹，传播优秀文化，共享健康和谐”。

10月13日

2014横店影视“文荣奖”颁奖典礼在横店镇举行。近千名来自各影视企业掌舵手，证券、金融等机构的高管，视频网站负责人，中港澳台的知名制片人、导演、演员等出席颁奖典礼。“文荣奖”设电视剧单元与新媒体短片单元。颁发最佳电视剧、最佳网络剧、最佳微电影、卓越贡献奖等12个奖项。电视剧《精忠岳飞》获“最佳电视剧”奖，香港导演鞠觉亮获“最佳导演”奖，何润东、李依晓分获最佳男、女主角，陈彤获最佳编剧奖，关晓彤获最佳女配角奖，叶祖新获最佳男配角。横店影视节首设横店影视“文荣奖”，以横店集团创始人徐文荣名字命名，其前身为横店影视金牛奖。至2017年10月，已连续举办四届。

第一届“文荣奖” （图片来源于网络）

第二届“文荣奖” （图片来源于网络）

第三届“文荣奖” （图片来源于网络）

第四届“文荣奖”（图片来源于网络）

10月17日

中国社科院发布由中小城市经济发展委员会等联合主编的《中小城市绿皮书：中国中小城市发展报告（2014）》（简称《绿皮书》），《绿皮书》首次推出综合实力百强镇，横店镇上榜2014全国综合实力市辖区百强49位。

10月18日～22日

世界工艺文化节暨第九届中国（东阳）木雕竹编工艺美术博览会在东阳中国木雕城举办。文化节期间，举办第十五届中国工艺美术大师作品暨国际手工艺精品展、2014中国原创百花杯中国工艺美术精品奖评审及作品点评、东阳国际木雕技艺大赛获奖作品展、世界民族服装秀以及世界手工艺理事会

50 周年历程展览等活动。大会期间召开浙商回归媒体恳谈会，签订招商引资项目 18 个，计划投资总额 22.37 亿元；签订科技合作项目 5 个，合同标的 1255 万元。在世界工艺文化节上，举行“世界木雕之都”授牌仪式。

2014 年世界工艺文化节现场　　（图片来源于《今日东阳》）

“世界木雕之都”授牌仪式
（图片来源于网络）

浙商回归·媒体恳谈会
（图片来源于《今日东阳》）

2014 年世界工艺文化节踩街巡游表演　　（包康轩 / 摄）

10月29日～30日

国家爱国卫生运动委员会专家组到东阳市对爱国卫生组织管理、社区和单位卫生、城中村和城乡接合部卫生、健康教育、市容环境卫生、环境保护、食品安全、公共场所及饮用水卫生、传染病防治、病媒生物防制等情况进行技术评估。

11月1日

东阳市将城镇最低生活保障标准提高到每人每月588元，农村最低生活保障标准提高到每人每月424元。这是从1997年7月1日建立低保制度以来第12次提高标准，也是历次调整中增幅最大的一次。

11月1日～2日

在第十四届全国“村长”论坛上，南马镇花园村入选“2014中国名村影响力300佳”榜单，列第三位。

11月9日

在杭州市举行的第二届中国（浙江）全面小康论坛暨颁奖典礼上，东阳市获“2014中国（浙江）全面小康十大示范县（市、区）”。

11月11日

东阳市两组木雕作品《锦绣中华》和代表燕京八景的《居庸叠翠》《琼岛春阴》《玉泉趵突》《卢沟晓月》《金台夕照》《太液秋风》《西山晴雪》《蓟门烟树》作为会场装饰出现在2014年亚太经合组织（APEC）领导人非正式会议会场——北京雁栖湖国际会议中心。

11月12日

东阳市文化礼堂在中央电视台新闻频道《朝闻天下》栏目中作为全国核心价值观百家经验的典型进行报道。

11月19日

▶东阳市人民陪审员协会成立暨第一次会员大会在市人民法院召开，是全省第一家人民陪审员协会。

▶东阳市“8890”便民服务平台运行。东阳市“8890”便民服务平台是一个以市民诉求为导向，以公共信息服务、百姓生活服务和效能投诉服务为重点，由政府全额投资建设，为市民提供咨询、求助、投诉等非应急社会管理类服务的政府公益信用平台。

11月22日

由商务部所属的中国对外承包工程商会、中国纺织品进出口商会等7大商会和省商务厅、金华市政府主办，市政府承办的以“发展跨境电商，开拓全球市场”为主题的第四届中国（金华·东阳）国际商贸发展大会在中国木雕博物馆开幕。

11 月 26 日

东阳市首批 42 个站点 1000 辆公共自行车试运行。公共自行车租赁费用为 1 小时（含）以内免费，1 小时至 2 小时（含）收取 1 元租车费，2 小时至 3 小时（含）收取 2 元租车费，3 小时以上的部分按每小时 3 元计费。租车服务费用实行分段合计，还车时从 IC 卡中结算扣取。2015 年 11 月，东阳城区第二期公共自行车投入运行，93 个站点开通，投放公共自行车 2000 辆。2016 年 8 月，横店镇首批 38 个站点、1600 辆公共自行车投入运行。2016 年 12 月 1 日，东阳城区第三期公共自行车 76 个站点开通，投放公共自行车 2000 辆。至 2016 年年末，全市有 6600 辆公共自行车投入运行。

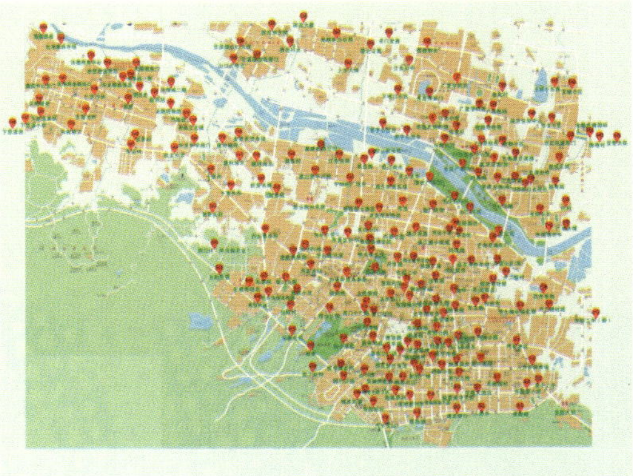

东阳市公共自行车站点（市交通局提供）

11 月

住建部传统村落保护和发展专家委员会考察组对东阳市的传统村落进行实地考察，走访巍山镇大爽村、虎鹿镇蔡宅村、城东街道李宅社区等地，对如何保护和发展传统村落提出建议。

12 月 6 日

中国村社发展促进会、南马镇花园村以及中国农村博物馆联合举办主题为“新理念、新传承、新发展”的首届中国农村博物馆年会。

12 月 15 日

农业部公布 2014 年全国粮食生产先进单位名单，东阳市获“产粮大县”称号。

12 月 20 日

首批 30 辆天然气清洁能源公交车投入 13 路、66 路、29 路、58 路等线路营运，15 辆黄标公交车淘汰。

12月26日

国家卫生计生委办公厅公布第三批国家慢性病综合防控示范区名单，东阳市列入。

12月29日

省政府批准设立东阳市东白山省级旅游度假区，是金华市唯一获批的度假区。该度假区总投资51.01亿元，项目区总面积46.3平方千米。东白山省级旅游度假区东至东阳市和嵊州市交界，南至东方红水库大坝（坝内库区），西至潦溪，北至诸暨市分界线。度假区建设规划期限为2012～2025年，分三期实施。

12月

S218（40省道）上新屋至里坞段改建工程项目开工。40省道改建工程是东阳市第一个集桥梁、隧道、互通为一体的综合性公路项目，其中屏岩山隧道是东阳市境内最长的隧道。起点位于东阳市上新屋村，与原40省道及东阳市迎宾大道相接，终点位于里坞村，涉及吴宁街道、城东街道、横店镇、湖溪镇，全长17.15千米，项目总投资12.5亿元，按一级公路标准设计，时速80千米，桥梁7座，分离式隧道1座。2017年9月27日，S218（40省道）建成通车。

2016年5月7日，40省道屏岩山隧道右洞贯通　　（市交通局提供）

是年

全市累计拆违307.3万平方米，完成旧住宅区改造119.7万平方米、旧厂区改造78.4万平方米、城中村改造231万平方米。创建“无违建镇乡（街道）”4个。

2015

东阳建市30周年大事记

2015“中行杯”横店国际马拉松赛　　（柴澎勇/摄）

2015年5月17日，以“跑进电影，穿越历史”为主题的2015“中行杯”横店国际马拉松赛在横店影视城举行。

2015年

1月6日

市“五水共治”工作座谈会召开。会议提出2015年“五水共治”工作总目标:至年末,东阳江全流域基本达到Ⅳ类水体,出境断面Ⅲ类水达标率80%以上,南江全流域基本达到Ⅲ类水质。

1月29日

东阳市中心城区公共停车系统规划方案获原则通过。2月9日,东阳市进入停车收费时代,城区吴宁东路(南街口至人民路段)、飘萍路(吴宁东路至东街)、原市公安局停车场、建设路停车场作为试点区域,实施停车收费。试点区域有停车泊位869个。其中原市公安局停车场、建设路停车场、黉门广场地下停车场,设泊位613个;路面分16个区,分别设置在吴宁东路(南街口至人民路段)、飘萍路两条道路,东阳图书馆南侧及东街牌坊南侧、商城西路等地,设泊位256个。至2017年,市中心城区规划布设73个公共停车场(含3个对外停车场),可折算为公共停车泊位约1万个。

老城核心商业街停车系统规划图

(图片来源于《东阳日报》)

2月2日

位于韩国首尔的韩国移动运营商韩国电信(KT)公司总部和中国横店集团签署建设智能主题公园的工作协议。该主题公园融合物联网(LOT)和信息通信技术(ICT)综合解决方案。

2 月 4 日

横店集团控股有限公司与中国商用飞机有限责任公司签署航空产业合作协议，达成购买该公司生产的 ARJ21-700 飞机的意向。双方相关负责人签署《航空产业合作协议书》《ARJ21-700 飞机购买意向书》。

2 月 5 日

全市深化农村确权赋权改革工作汇报会召开。全市村经济合作社启动股份制改革经济合作社 280 个，完成股改 121 个，其中东阳江镇、三单乡、马宅镇全部完成。

2 月 28 日

横店集团浙江英洛华电气公司被中央精神文明建设指导委员会评为第四届全国文明单位。

3 月 5 日

浙江东阳农村商业银行股份有限公司（简称“东阳农商银行”）开业。东阳农商银行前身为东阳市农村信用合作联社。在开业仪式上，东阳农商银行与市政府签订战略合作协议，承诺 3 年内投放信贷总量 200 亿元，用于支持地方经济社会发展；捐助 200 万元，用于东阳市“五水共治”工作，助推“两美”（美丽家园、美丽城区）东阳建设。中国农商银行创立于 2014 年 12 月 12 日，由东阳市农村信用合作联社原股东中 2707 户作为发起人，通过整体改制、发起设立的方式组建。

3 月 13 日

东阳市举行市第七人民医院（2014 年 9 月，由东阳市精神病医院更名为东阳市第七人民医院）、杭州市第七人民医院协作单位挂牌仪式。东阳市第七人民医院是浙江省二级乙等精神病专科医院，是东阳市唯一的精神病防治专科医院；杭州市第七人民医院是浙江省三甲专科医院，是省内防治和治疗精神疾病的权威医院。建立协作关系后，双方在医院管理、医疗技术、人才培养、质量管理、学科建设等方面进行交流。

3 月 17 日

国家发展改革委办公厅印发《关于开展中小城市综合改革试点工作的通知》，东阳市横店镇入选国家首批中小城市综合改革试点名单。

3 月 19 日

由浙江省禁毒办和横店影视城共同发起的“拒绝毒品·从我做起”禁毒系

列宣传活动在东阳市横店镇举行，新华社、中央电视台、中新网、中新社视频、《人民公安报》、中国网、浙江卫视等20余家新闻媒体记者到场采访。

3月22日

全国爱国卫生运动委员会授予东阳市“国家卫生城市”称号。东阳市成为金华地区继义乌市、金华市之后第三个获“国家卫生城市”称号的城市。

3月25日

省委书记、省人大常委会主任夏宝龙考察调研横店镇影视大道环境综合整治、中国木雕博物馆运营、东阳江水环境治理等工作。

3月27日

由香港《镜报》月刊发起、面向内地和港澳台的第四届杰出企业责任奖颁奖典礼上，横店集团创始人、横店四共委主席徐文荣获杰出企业责任奖感谢奖。

3月30日

横店圆明新园全球首发礼在香港国际会议中心举行。5月10日，东阳市举办中国文化科技创新高峰论坛暨横店圆明新园（万花园）启幕盛典。圆明新园按1∶1的比例恢复北京圆明园95%的建筑，景区占地400公顷，总投资300亿元。由新圆明园（春苑）、新长春园（夏苑）、新绮春园（秋苑）、新畅春园（冬苑）4个日景和欢乐夜福海、欢乐夜瑶池、欢乐夜庙会3个夜景，以及野生动物标本馆、冰雕雪雕馆、高科技演艺馆10个景区组成。首批开放圆明新园、欢乐夜福海和野生动物标本馆、冰雕雪雕馆4个景点。

3月

南马镇花园村获司法部、民政部联合表彰的第六批“全国民主法治示范村（社区）”称号。5月23日，由亚太旅游联合会、中国报道和中华生态旅游促进会主办的第二届全国旅游服务高层论坛暨中国旅游服务品牌颁奖盛典在北京市召开，南马镇花园村被授予“中国最美文化旅游乡村”称号。8月20日，在全国乡村旅游提升与旅游扶贫推进会议上，国家旅游局公布首批乡村旅游“千千万万”品牌名单，南马镇花园村入选首批中国乡村旅游模范村。12月，南马镇花园村获中国互联网新闻中心表彰的“中国美丽乡村建设示范村”称号。

4月12日

▶中国狮子联会浙江艺都服务队成立，是东阳市首个国际性民间公益慈善组织。中国狮子联会是由中国残联引进，经国务院批准，在民政部登记注册的唯一国际性民间公益慈善团体。浙江艺都服务队于2月开始发起创会，发展36名会员，由东阳市残联主管开展工作。

▶由中天集团首期出资5000万元、向民政部申请成立的国家级非公募慈善基金会——中天爱心慈善基金会成立。从1996年起，中天集团组织开展扶贫、助学、救灾、帮困慈善项目602个，投入善款3亿元。

4月17日

国家中医药管理局调研组到东阳市妇幼保健院小儿推拿科、国医馆、中医治疗中心等特色专科实地调研，是国家中医药管理局首次到东阳市妇幼保健院进行系统调研。

4月28日～5月3日

第一届中国（东阳）木雕红木家具交易博览会（简称“红博会”）开幕式在国际会展中心举行，全国各地100余个木雕红木家具品牌企业参展，近10万人参加，设标准展位800个，达成意向成交额3000余万元。至2018年5月，东阳市举办四届红博会。

4月29日

由中国社会科学院财经战略研究院县域经济课题组完成的《中国县域经济发展报告（2015）》在北京市发布。东阳市列全国县域经济竞争力百强县第24位、全国县域经济发展潜力百强县第32位。

5月11日

在福建县域电子商务峰会上，东阳市列阿里研究院发布的2014年中国“电商百佳县”第20位，网商指数和网购指数均高于百佳县均值。

5月16日

由浙江省急诊医学质量控制中心、浙江省医学会急诊医学分会联合举办的2015年浙江省海峡两岸急诊质控高峰论坛在市人民医院召开，海峡两岸10余家医疗机构的200余名医学专家及急诊医务工作者代表参加论坛。论坛上，专家们就《台湾医疗质量提升策略运用》《浙江省急诊医学质量控制现况与规划》《台湾危重急症转诊制度建立》等主题作专题报告，对两岸急性心梗抢救制度与挑战、重大外伤抢救制度与挑战、急诊质控与急诊信息化体系建设等进行讨论交流。

5月17日

以“跑进电影，穿越历史”为主题的2015“中行杯”横店国际马拉松赛在横店影视城举行，国内外1.5万名选手参加。肯尼亚、埃塞俄比亚、俄罗斯、英国、坦桑尼亚、法国、蒙古、越南、坦吉克斯坦、哈萨克斯坦等国家和地区的近5000名中外选手参加半程马拉松赛，1万余名选手参加穿越马拉松赛。至2018年，横店马拉松连续举办四届。

横店国际马拉松赛
（图片来源于《东阳日报》）

5月22日

2015中国养老服务业高峰论坛在东阳市举行。高峰论坛的主题是“医养结合的中国模式”。

5月23日

►民政部社会福利和慈善事业调研组到东阳市南市街道南市养老中心、城东街道单良村居家养老服务照料中心、东阳江镇西畴村老年公寓调研养老服务工作。

►中国首批文化电影博物馆之一——市中亚电影文化博物馆在东阳江镇开馆。该博物馆由民间收藏家冯再平投资900万元，花近10年时间，从全国各地乃至其他国家搜集近百台电影放映机、数千份电影海报和电影连环画、几千卷电影胶片及各种电影道具所创办。

巴乔在现场小试脚法　（曹学锋/摄）

5月29日

国际足坛巨星罗伯特·巴乔到东阳市横店镇参加“巴乔爱横店慈善之旅”发布会。罗伯特·巴乔被授予“横店荣誉市民”证书。

6月2日

中央电视台新闻联播“领航科技创新中国”栏目，对东阳籍科学家潘建伟的科研团队领跑国际量子物理研究的事迹进行报道。

6月13日

中国木雕博物馆家训馆向游客开放。家训馆位于东阳中国木雕博物馆二

家训馆开馆仪式 （包康轩/摄）

楼，是全国首家以木雕为表现形式的家规家训主题展馆，317块刻有家规、家训铭辞雕板陈列其间，大多来源于古祠堂和住家厅堂，以明、清时期为主，内容涉及“孝、悌、忠、信、礼、义、廉、耻”八德。2016年3月，家训馆作为常驻展馆入驻中央纪委网站网上展馆栏目。4月4日，《人民日报》7版对中国木雕博物馆家训馆进行报道。

6月18日

举办“新商圈·新城市·新生活”2015南街高峰论坛。该论坛由浙报传媒股份有限公司、市委宣传部、市商务局主办，东阳农商银行、市城市建设投资有限公司、浙江新光建材装饰城开发有限公司、市联利房地产开发有限公司协办，东阳日报社承办。

7月13日

东阳市发放首批“五证合一”营业执照，上面同时印有注册号、组织机构代码、税务登记证号、统计登记证号以及社保登记证号。

7月14日

市国土资源监察大队首次利用无人机航拍监测2015年增加违法用地，对全市14个镇乡街道700平方千米进行巡查，组织工作人员开展图斑的核查甄别、影像套合、立档建库等工作，与2014年度的卫星影像数据对比分析，确定疑似违法用地区域。

7月21日

电影《西游记之大圣归来》总票房突破5亿元，成为中国第一部票房破5亿元的动画电影。这部3D动画电影由主创团队历时8年制作，是横店影视制作有限公司第一次立项出品、主控投资的国产动画电影。该影片的最终总票房9.55亿元。2015年获第三十届中国电影金鸡奖最佳美术片奖，2016年获第十六届中国电影华表奖、优秀故事片奖。

7月23日

全国人大常委会副委员长吉炳轩带队的全国人大常委会消费者权益保护法执法检查组到东阳市检查。检查组到东阳中国木雕城了解情况，要求商家把消费者利益放在首位，讲究诚信，保证商品质量，尤其是要做好售后服务，降低投诉量。

8月4日～5日

国家林业局驻上海专员办检查组到东阳市对保护发展森林资源工作开展实地检查。检查组实地检查虎鹿镇、东白山、南马镇、佐村镇等地林业工作。

8月8日

2015第五届"响亮杯"全国少儿珠心算比赛在横店镇举行，全国16个省市自治区的400余人参赛，东阳市80余人参赛。"响亮杯"全国少儿珠心算比赛自2011年开始举办。

8月10日

市政府办公室印发《东阳市城乡公交一体化改造实施方案》，以政府购买服务方式，实行公车公营模式。8月19日，首批5条线路63辆班车投入运营。

8月14日

国家新闻出版广电总局副局长童刚到横店影视股份有限公司罗田横店影城，调研县级影院经营管理情况。横店影视股份有限公司前身为横店电影院线有限公司，是一条跨省院线，由特大型民营企业横店集团投资组建，注册资本4亿元。院线旗下开业影城213家，银幕数1300余块，座位数16.8万座。

8月21日

中国出入境检验检疫协会确定540家进出口企业为"中国质量诚信企业"，东阳市的浙江联宜电机股份有限公司、浙江普洛医药科技有限公司、冀发集团有限公司3家企业入选。

8月22日

中国企业联合会、中国企业家协会发布2015中国企业500强榜单，广厦控股集团、中天发展控股集团上榜，分列第145位、第227位。

8月27日

公安部禁毒局调研组一行到横店禁毒教育基地，对禁毒教育基地扩建禁毒教育培训中心建设规划情况进行专题调研。

9月7日

国家知识产权局组织有关部门和专家，对东阳市开展国家传统知识知识产权保护试点工作进行考核验收。东阳市以超过95分的成绩通过国家传统知识知识产权保护试点工作验收。

9 月 9 日

根据市政府印发的《东阳市湿地保护规划(2015～2020年)》,东白山天池、横锦水库湿地、浪坑水库湿地等13片湿地列入东阳市重要湿地名录,重要湿地保护面积1519公顷。其中,东白山湿地公园、横锦水库湿地、南江水库湿地为省级重要湿地。

江滨景观带湿地公园　　(图片来源于《今日东阳》)

9 月 11 日

东阳市通过中国林业产业联合会的国家森林生态产品生产基地评审。

9 月 19 日

在第九届全国残疾人运动会暨第六届特殊奥林匹克运动会上,东阳籍运动员骆阳阳、王丽丽、王强、吴欣欣、杜晓东、蔡红珍、麻嘉诚7人参加比赛,获三金一银和一个第五名的成绩。

9 月 20 日

中国红木专业人才资质证书首发仪式在北京市钓鱼台国宾馆举行,东阳市旭东工艺品有限公司董事长李晓东等14人被评为中国红木艺术大师,花园红木家具开发有限公司总经理邵钦培等3人被评为中国红木经营管理大师,李晓东被授予“中国红木文化传承人”称号。

9 月 21 日

在工信部工业文化发展中心、中国工艺美术协会主办的2015观澜杯全国首届红木雕刻大赛上,东阳市明堂红木家俱有限公司报送的平面浮雕《梦》获2015观澜杯全国首届红木雕刻大赛特等奖。

9 月 23 日

中宣部副部长景俊海带领中宣部、中国文联、中央电视台相关负责人到东阳市专题调研“横漂”管理服务工作情况。

9 月 26 日

由省体育局、金华市体育局、市政府主办,省体育竞赛中心、东阳东白山省级旅游度假区管委会、市体育局承办的2015“智美杯”浙江自行车系列公开赛(金华站)在虎鹿镇蔡宅村举行,全国各地200名自行车爱好者参加。比赛项目有东白山山地爬坡赛和蔡宅古村湿地越野TT赛，其中山地爬坡赛分男子精英组、男子大师组、女子组。

2015“智美杯”浙江自行车系列公开赛　（黄鸣/摄）

10月1日

个人贷款额度在最高贷款统一限额下与缴存余额相挂钩。自由职业人员(简称“个职人员”)可以以个人的形式缴纳公积金,能享受住房公积金的优惠政策。个职人员缴存住房公积金后,可以在购买、建造、翻建、大修自住住房时,提取住房公积金账户内的存储余额。连续缴存半年后,即可向住房公积金管理中心申请住房公积金低息贷款。

10月13日

《浙江日报》刊发题为《体育设施改善、健身热潮涌动》的图片新闻,报道南马镇花园村体育文化活动开展情况。省委书记夏宝龙阅后做出重要批示:各体育设施都要充分利用,东阳市的经验要推广。12月15日~16日,全省加强体育场地设施建设和利用工作现场会在南马镇花园村召开。

10月20日

国家主席习近平赠送给英国女王和菲利普亲王的礼物——木雕作品《寿

比松龄》，是由东阳木雕艺术家马光军带领4名东阳木雕师傅经过70天雕刻制作而成。

国礼木雕《寿比松龄》 （图片来源于《东阳日报》）

10月30日

“健康东阳” 服务平台上线试运行。该平台整合全市医院的诊疗数据资源、市级医院专家资源、健康教育资源和政务信息资源，为公众提供全市统一的“一站式”智慧医疗服务，是金华地区首个综合性健康服务平台。

11月6日

水利部督查组到东阳市开展水利发展“十三五”规划调研及中小河流治理督查，到歌山镇金塘畈口、城东街道泗渡溪和广义桥、江北街道浪坑溪和渔溪、临江大桥等地，实地察看中小河流治理情况。

11月8日

以“传承东阳木雕艺术，弘扬中国传统文化”为主旨的第十届中国（东阳）木雕竹编工艺美术博览会（简称“东博会”）在东阳中国木雕城开幕。世界民族文化与艺术生活馆、台湾三义木雕精品馆落户东阳中国木雕城，东阳中国木雕城二期B区红木家具市场开业。东博会期间，东阳中国木雕城举办世界民族艺术与生活跨界峰会，30余名国内外艺术家以“世界手工艺与生活”和“世界手工艺与艺术”为主题进行交流和探讨。

11月12日

▶参加“感知中国”中国政府奖学金在华留学生经济与文化体验活动的

四大洲50余个国家的100余名留学生到东阳市，参观东阳二中、中国木雕博物馆和横店影视城清明上河图景区。

外国留学生参观东阳二中高新科技成果教育展馆（包康轩/摄）

▶东阳市凭侯阳高腔入选第二批省传统戏剧之乡。侯阳高腔，明末诞生于东阳，是在“义乌腔”的基础上，受弋阳、余姚诸腔影响而形成曲牌联套体高腔剧种，流布金华、衢州、丽水、建德等地，远至江西弋阳、上饶。2007年5月，侯阳高腔被列入省级非物质文化遗产保护项目。2009年，东阳婺剧团被命名为非遗保护项目“侯阳高腔”传承基地。

侯阳高腔《合珠记》选段“敲窗”剧照（龚明伟提供）

11月25日

经国家知识产权局批准，东阳市被确定为国家传统知识知识产权保护示范市，示范时限为2015年12月至2018年12月。

11月27日

台湾“制冷大王”陈和贵捐资1亿元设立尚贤慈善教育基金会，筹建国祥实验学校，助推东阳市教育事业发展。国祥实验学校项目总占地9.34公顷，总投资3.5亿元，设寄宿制初中48个班，可容纳学生2400余人。

12 月 1 日

▶东阳市建立居民阶梯水价制度，将居民家庭全年用水量划分为三档，第一档年用水量不超过 264 立方米，到户价格标准由之前的 2 元 / 立方米调至 2.7 元 / 立方米；第二档年用水量 264 立方米至 384 立方米（含），到户价格标准 3.58 元 / 立方米；第三档年用水量在 384 立方米以上，到户价格标准 6.2 元 / 立方米。

▶东阳市上调最低工资标准，从 1470 元调整为 1660 元，非全日制工作最低小时工资标准从 12 元调整为 15.2 元。城镇职工失业保险金将由原来的 1103 元提高至 1245 元，农民工生活补助将由原来的 441 元提高至 498 元。11 月 1 日至 11 月 30 日期间的全市最低工资标准，也参照此执行。

12 月 25 日

横店圆明新园领衔的“泛长三角旅游景区联盟”在横店镇成立。温州市雁荡山、江苏省宜兴市张公洞景区、安徽省太极洞景区等近百家景区加入联盟。横店集团创始人、横店四共委主席徐文荣当选联盟主席。

12 月 28 日

由中国人民解放军国防事业基金会和中国国史教育委员会批准成立的中华民族艺术文化院落户横店圆明新园。旨在挖掘、整理培养民族遗产、弘扬各民族传统文化，为实现中国梦开展各项文化艺术工作。

12 月 30 日

城区 48 个场所和 70 个公交停靠站开通“i-zhejiang-DY”免费公共 Wi-Fi。首批 Wi-Fi 建设覆盖行政大楼、便民服务大厅、博物馆、剧院、车站、会展中心、江滨景观带、公交停靠站等场所。

2016

2016 年度“最美东阳人”颁奖典礼　　（包康轩 / 摄）

2016 年 11 月 29 日，2016 年度“最美东阳人”颁奖典礼在东阳市广播电视台演播大厅举行。

2016年

1月7日

市委十四届九次全体（扩大）会议暨市政府第八次全体会议在市行政中心召开。会议审议通过《中共东阳市委关于制定东阳市国民经济和社会发展第十三个五年规划的建议》。

1月8日

国家科学技术奖励大会在北京市举行，中共中央总书记、国家主席、中央军委主席习近平为东阳籍科学家潘建伟颁发国家自然科学奖一等奖证书。作为获奖项目“多光子纠缠及干涉度量”的第一完成人，潘建伟代表全体获奖人员在大会上发言。1月19日，东阳籍科学家潘建伟团队成果第9次入选中国十大科技进展新闻。

1月8日，潘建伟获国家自然科学奖一等奖证书　（图片来源于《东阳日报》）

1月10日

第二届中国农村博物馆年会暨村庄文化交流会在南马镇花园村举行。

1月11日

由东阳籍学者黄长征领衔研发的世界首座3.4兆瓦模块化大型海洋潮流能发电机组总成平台在舟山市岱山县下海安装。

1月14日

省人大常委会作出关于修改《浙江省人口与计划生育条例》的决定，鼓励一对夫妻生育两个子女，并出台相关政策。东阳市同步实施二胎政策。

1月24日

东阳市首家以“非遗”命名的精品馆——陆光正非遗精品馆开馆。非遗精品馆占地近2000平方米，分文化传承厅、作品陈列厅、非遗鉴赏厅3个主题厅。

1月29日

横店影视城演员公会成立。该演员公会是国内唯一一家专门为群众演员、特约演员提供服务的社会公益组织，演员公会注册演员3.1万余人。

陆光正非遗精品馆开馆　（周晓刚/摄）

2月17日

市委、市政府决定成立建筑产业发展联盟。4月1日，东阳市建筑产业发展联盟授牌，首批20家企业签订战略合作协议。由中天建设集团董事长楼永良任理事长，市建管局及海天建设集团、广厦建设集团、东阳三建、歌山建设集团等企业负责人任副理事长，市相关部门以及部分建筑业龙头企业、十强企业、十强专业企业负责人任理事。

2月19日

市妇女儿童医院院长郭兰中携“无中医不保健”的中西医结合“东阳模式”，出席第一届中国妇幼健康科技大会暨“首届妇幼健康科学技术奖”颁奖会。

2月22日

市委、市政府印发《关于成立市横店城市风貌综合提升工作领导小组的通知》，成立市横店城市风貌综合提升工作领导小组指挥部。3月9日，召开横店城市风貌综合提升工作誓师大会，启动横店城市风貌综合提升工作。9月13日，横店城市风貌综合提升阶段性工作总结交流座谈会在横店镇召开。横店城市风貌综合提升工程完成项目149个，实施项目27个，前期项目14个。10月19日～20日，东阳市举办横店城市风貌综合提升媒体集中采风活动，新华社、《文汇报》、中新社、《中国经济导报》、中央人民广播电台、《半月谈》、澎湃网、腾讯网、《浙江日报》等30余家知名媒体记者参加。

横店城市风貌综合提升工作誓师大会 （单冠定/摄）

2月24日

全国小城镇房价排行榜出炉。东阳市以均价8129元/平方米排名全国第45位。

3月5日

东阳市首家民间资本管理公司——花园民间资本管理股份有限公司成立。花园民间资本管理股份有限公司由3家企业和9名自然人联合发起，其中花园集团为主发起人，于2016年2月完成工商注册登记并取得合法经营资格，注册资本1亿元。

3月12日

全国妇幼保健机构中医药专修学校落户东阳市妇幼儿童医院，举行开学典礼暨首届院长高峰论坛开幕式。全国18个省市区的120余名代表参加开幕式。

3月13日

由市委宣传部、市旅游局主办，浙江东阳远东影视传媒有限公司承办的“2016世界旅游小姐中国直选赛区”启动新闻发布会在黉门里文化创意园举行。

3月14日

东阳市开通东阳汽车东站至象田首条“美丽乡村”旅游专线。东阳至象田

东阳汽车西站至横店圆明新园旅游公交专线开通 （图片来源于网络）

旅游专线的线路走向为：汽车东站—后岭山—横店—沈坎头—湖溪—南塘—郭宅—象田村。日发4个班次，全程35千米，票价7元。9月16日，"横店—杭州火车东站"旅游专线开通。"横店—杭州火车东站"是横店客运中心继"横店—杭州黄龙""横店—金华南站"后开通的第三条影视旅游专线。从横店直接上高速，全程约2小时，每天6个班次。9月26日，东阳汽车西站至横店圆明新园旅游公交专线开通。横店圆明新园旅游公交专线先期投放73客位的厦门金龙豪华公交大客2辆，日发8班次。东阳汽车西站至横店圆明新园的线路走向为：汽车西站—人民医院—商城—好乐多—南站—南午岭—廿里牌—后岭山—横店木材市场—江南二路—圆明新园。全程25千米，行程1小时，票价6元。

3月24日～25日

为配合全国人大常委会做好《中华人民共和国电影产业促进法》立法调研及省人大常委会的《公共文化服务保障条例》立法调研，全国人大常委、省人大常委会副主任姒健敏带领省人大调研组到东阳市调研。

3月28日

中宣部副部长王世明到东阳市调研优秀传统文化资源挖掘工作，对东阳市教育文化事业兴盛、能工巧匠辈出、影视文化产业繁荣表示肯定。

3月30日

省卫生计生委公布首批省级儿童早期发展示范基地名单，市妇女儿童医院入选。该院是首批获得该项目的10家医疗保健机构之一，也是东阳市唯一一个省级儿童早期发展示范基地。

3月

►浙江省美丽宜居村镇示范工作领导小组办公室下发通知，六石街道北后周村获"国家级美丽宜居示范村"试点名额。

►东阳市开展公务用车改革工作，至年末基本完成。明确82家参改单位。经市委组织部、市编办、市人力社保局3个单位联审，符合参改条件的公务员和参公事业人员3678人（不含2016年招录公务员119人）。经财政（国资）审核确认，参改车辆总数788辆，保留车辆451辆，移交封存车辆337辆。经财政（国资）、市人力社保局审核，参改司勤人员466人。公车拍卖公开透明，337辆公车均处置完毕。由市机关事务管理局负责筹建平台进行集中统一管理改革后留用的一般公务用车和综合行政执法车。

4月11日～13日

全国政协原副主席、太湖世界文化论坛名誉主席张梅颖到东阳市对进一步挖掘民间文化、筹办世界民间文化发展（东阳）高峰论坛进行考察。

4月12日

▶市政府发布《东阳市国民经济和社会发展第十三个五年（2016～2020年）规划纲要》。

▶中国工艺美术系列专题片《指尖上的中国——东阳木雕》在中国木雕博物馆开机。

4月12日～13日

浙江省农村文化礼堂建设工作现场会在东阳市召开。会议期间，省市领导和与会代表实地考察东阳市江北街道甘东村文化礼堂、虎鹿镇蔡宅村文化礼堂、城东街道单良村文化礼堂。

4月17日

东阳籍运动员任梦茜在2016年全国田径大奖赛首站比赛中获女子撑竿跳项目金牌。7月18日，任梦茜入选国家体育总局公布的参加里约奥运会中国体育代表团名单。

4月23日

东阳籍运动员王丽丽在意大利瓦雷泽举行的世界杯赛艇女子A级单人艇1000米比赛中获冠军，获取里约热内卢残奥会入场券。9月11日，王丽丽在巴西里约热内卢残奥会上获女子单人双桨赛艇银牌。

王丽丽（市体育局提供）

4月26日

3000名工匠在东阳市花园红木家具城广场上展示传统红

木家具的榫卯、雕刻及刮磨等制作特色工艺。

3000名工匠现场展示红木家具制作特色工艺　（周晓刚/摄）

4月27日

东阳工艺美术界32名大师在凤凰卫视向全球华人展示“工匠精神”。

5月1日

“营改增”首张发票在市办税中心国税窗口开出。

5月6日

金丽温省级天然气管道金衢段配套管道工程东阳支线项目开工建设。东阳支线西起画水镇，与义乌段相接，途经南市街道、城东街道，终点在吴宁街道，全长25千米。

5月9日

东阳市被国家安监总局确定为2016年工贸行业企业安全生产标准化样板地区，是全省唯一成为样板地区的县市。

5月12日

华谊兄弟传媒股份有限公司入选中宣部第八届“文化企业30强”名单。

5月15日

第二届“中国旅游产业杰出贡献奖”（飞马奖）在山东济南揭晓，横店集团创始人徐文荣入选。

5月17日

全国综合医院中医药工作经验交流视频会议召开。全国唯一一家出席会议的妇幼保健机构——市妇女儿童医院作经验交流。

5月20日

▶东阳市首家非影视类企业——浙江正蓝节能科技股份有限公司在“新三板”挂牌上市。

▶东阳市召开红木家具行业“百日整治”行动动员大会，整治重点是查处木雕红木家具行业中存在的掺杂掺假、以假充真、以次充好、虚假宣传广告、标识不规范等违法的生产企业、专业市场和销售经营户。

5月23日

东阳市在市行政中心广场举行千人誓师大会，G20杭州峰会维稳安保工作“百日攻坚”大会战启动。

千人誓师大会　（包康轩／摄）

5月25日

▶《人民日报》头版头条刊发题为《浙江城乡加快“无缝对接”》的文章。横店镇成为城乡一体化发展典范。

▶东阳市入选2015年度中国电商百佳县（市）名单，排名第18位。

5月

▶“第三届亚太地区手工艺大师”中国地区评审结果出炉，中国工艺美术大师吴初伟获“亚太地区手工艺大师”称号。这是继陆光正、冯文土之后，东阳市第三位获此称号的工艺美术大师。

▶东阳市4家影视企业入选国家文化出口重点企业名单。分别是华谊兄弟传媒股份有限公司、新丽传媒股份有限公司、东阳长城影视传媒有限公司、千乘影视股份有限公司。

6月6日

东阳义乌双城旅游线路开通，义乌东阳横店游客接待中心投入运行。该接待中心占地70平方米，内设游客休息区、咨询中心、会客室，由专人负责义乌、东阳双城旅游资源产品的咨询、介绍服务工作。

6月12日

市看守所、市拘留所迁建项目在城东街道东屏村动工。迁建项目总占地面积13.3公顷，主要包括市看守所、市拘留所、市武警中队等设施。

6月16日

市委办、市府办印发《关于调整东阳市铁路建设工作领导小组的通知》，成立市铁路建设工作领导小组，下设办公室，全程负责杭温高铁筹备的前期工作。杭温高铁在东阳市境内的线路长度为39.77千米，站点设置在南市街道槐堂村附近。

6月20日

东阳籍科学家陆朝阳入选英国《自然》杂志网络版“十大中国科学之星”。《自然》杂志称陆朝阳是“中国量子信息技术领域一颗冉冉升起的新星”。

6月

市卫计局、市民政局、市财政局、市人力社保局、市残联5个部门联合印发《关于推进责任医生签约服务工作的实施意见》。10月，启动责任医生签约服务工作。全市有3万余名居民与辖区医生签订服务合同，拥有自己的家庭医生。

7月1日

南马镇花园村党委被授予全国先进基层党组织。南马镇花园村党委下设4个党支部，正式党员304人。2015年，花园村实现经营收入401亿元，拥有个私工商户2796家，村民人均年收入达15万元，是金华市首个且唯一的税收超亿元村，在中国名村影响力综合排行榜中列第三位。9月24日～25日，第十六届全国村长论坛在四川省彭州市宝山村举行，南马镇花园村入选中国村社发展促进会特色村工作委员会、“名村影响力”研究评价课题组评出的“中国十大国际名村”。

7月11日

东阳市基本医疗保险付费方式试行按病种付费改革，即根据病种对医药费进行限制。首批实行“单病种付费”的有下肢静脉曲张、急性单纯性阑尾炎、结节性甲状腺肿、老年性白内障、慢性扁桃体炎、腹股沟疝、小儿包茎、乳房肿块等8个病种19种手术。全市开展按病种付费的医疗机构为三级医院：市人民医院、市中医院；二级医院：市人民医院巍山分院、市妇幼保健院、市红十字会医院、市横店医院、市横店集团医院、市花园田氏医院、东阳广福医院。

7月12日

东阳市妇女儿童医院推出全国首台mini双通道（微信和支付宝）缴费机。使用mini缴费自助机，用支付宝或微信扫一下即可完成缴纳，整个过程不到

10 秒,比传统就医时间节省近一半。

7 月 15 日

中国电子元件行业协会在山东省青岛市召开常务理事会，选举横店东磁股份有限公司董事长兼总经理何时金任磁性材料与器件分会理事长。

7 月 19 日 ~ 20 日

浙江省粮食产业“机器换人”现场会在东阳市召开。与会人员参观歌山镇田保姆农机植保专业合作社、六石街道碧得丰粮食专业合作社和城东街道湀卢村粮食生产功能区的机械化作业。

粮食产业“机器换人”现场会　（包康轩 / 摄）

7 月 27 日

在吉林省长春市举行的 2016 年全国中学生田径锦标赛上，吴宁一中 15 岁的王飞翔跑出 38.79 秒的成绩，获全国中学生 300 米栏冠军。

7 月 28 日

阿里巴巴“农村淘宝”东阳服务中心开始运营，首批 30 家村级服务站开业。“农村淘宝”东阳服务中心位于东阳科技孵化中心内，内设仓储中心、培训教室、东阳特色展厅和电子商务孵化中心等。东阳市是金华地区第二个与阿里巴巴合作启动农村淘宝项目的县市。3 月，东阳市“农村淘宝”项目建设 30 个村级服务站，分布在横店镇、南马镇、巍山镇、六石街道、佐村镇、三单乡等 14 个镇乡街道。

8 月 1 日

横店圆明新园推出名片大小、厚度约 1 厘米、国内首创的激光智能水晶门票。门票上除圆明新园景区的独特标识，还有一块属于游客的“个性创作”区，游客可以定制自己专属的旅游纪念品。

8 月 18 日

由中国有色金属加工工业协会和金华市人民政府联合主办，东阳市人民政府和花园集团承办，花园铜业公司协办的 2016 中国铜加工产业年会在南马镇花园村开幕。年会以“技术创新与资源整合”为主题。全国 130 余家铜加工企业负责人及 30 余家高校材料学院和研究院所专家学者 800 余人参加开幕式。

8月23日

省政协主席乔传秀到东阳市对文化旅游产业和木雕红木产业发展进行调研。

8月25日

全国工商联发布“2016中国民企500强”榜单，广厦控股集团有限公司、中天发展控股集团有限公司、浙江海天建设集团有限公司、花园集团有限公司、歌山建设集团有限公司5家企业入围。

8月30日

东阳市不动产登记中心成立，市不动产登记中心授牌暨不动产权证书首发放仪式在市行政服务中心举行。

8月

浙江“最美山峰”“最美峡谷”评选出炉，东白山入选“浙江最美山峰”，被评为“浙江十大名山”之一。

9月1日

东阳市对城区4所初中的学区进行调整。吴宁一中调整后的招生区域为：人民路以西，通江路—解放路—南街—双岘路以东区域。双岘路—南街以东，东街以南，十字街—朝阳路以西区域设为吴宁一中、吴宁三中初一新生自主选择就读区域。吴宁二中调整后的招生区域为：人民路以东区域；罗屏及原荣跃小学部分范围。人民路以东，吴宁东路以北，艺海路以西区域设为吴宁一中、吴宁二中初一新生自主选择就读区域。吴宁三中教育集团汉宁校区秋季投入使用，吴宁三中调整后的招生区域为：双岘路—南街—解放路—通江路以西，关山路—望江南路以东区域。吴宁三中汉宁校区的招生区域为：关山路—环城北路—望江南路以西区域。如生源不足，可将吴宁三中E类部分学生划入该校（除白云初中招生范围）。

9月4日～5日

G20杭州峰会在杭州奥体博览中心举行，东阳元素出现在G20杭州峰会上。市工艺美术行业承担3个重要场所的项目，包括主会场会议厅木雕装饰和会议桌、座椅的设计制作，背景屏风的设计制作，以及贵宾休息室等区域的木雕作品；萧山机场专用候机楼16个贵宾休息厅的装饰设计和红木家具的设计制作；杭州楼外楼饭店的整体改建和各国元首夫人团宴会厅的装饰设计、主背景木雕制作和工艺美术品的陈展。峰会的专用会务包以及各国元首

（代表团团长）的“总统包”出自浙江金路达皮具有限公司。出席G20杭州峰会的领导人所登的游船“宝石”舫的外观和内部装修设计，以及在西子宾馆举行的欢迎晚宴上宴会主桌中间的“西湖十景图”出自东阳人王凌云和杜菊芳及其团队之手。

9月8日

2016年“畅游东阳江 共护‘母亲河’”活动在城区艺海大桥与江心岛之间的水域举行。360余名游泳爱好者横渡东阳江，用实际行动证明东阳江水质达到可游泳的标准，是“五水共治”攻坚战取得的阶段性成果。

“畅游东阳江 共护‘母亲河’”活动　（市委办提供）

9月10日～12日

中国·东阳红木家具展览会、2016中国红木家具大会暨第八届全国红木家具经销商大会在东阳市举办，大会由中国家具协会传统家具专业委员会、浙江省家具行业协会、浙江省工艺美术协会、东阳市人民政府联合主办，东阳市红木家具行业协会、东阳红木家具市场、东作云、红扬会展公司联合承办，全国各省市的行业协会领导、专家学者、品牌企业代表、经销商代表、新闻媒体等8000余人参加。展会主会场展区面积2万平方米，分会场150万平方米，150余家企业参展。

9月12日～14日

中央电视台中文国际频道（CCTV-4）《远方的家》百集特别节目《一带一路》连续3天播出《巧手天工耀丝路》《筑梦丝路 家在花园》《圆梦之地 文化丝路》3期东阳专题片。

9月30日

东阳手机台“歌画东阳”上线启用,“歌画东阳”把广播、电视、网站等媒体功能信息整合在移动客户端。

10月11日~12日

省委书记、省人大常委会主任夏宝龙到东阳市调研小城镇环境综合整治工作。

10月12日

在澳大利亚布里斯班举行的第十届世界水大会上,由东阳籍企业家包进锋执掌的中国民营高科技企业——浙江开创环保科技股份有限公司凭借其工业园区废水零排放工程项目,获国际水协会(IWA)颁发的“2016年度全球水领域创新大奖——设计规划奖”。

10月13日

中国特色小(城)镇建设工作经验交流会在杭州市召开,住建部公布了第一批中国特色小镇名单,横店镇名列其中,成为首批中国特色小镇。

10月20日~21日

浙江省爱国卫生运动委员会办公室组织病媒生物控制水平评估组对东阳市城区蚊虫密度控制水平进行现场考核。东阳市通过评估组蚊虫密度控制C级水平的考核。

10月29日

以“追梦寻梦二十年、共谋共创‘十三五’”为主题的中国影视文化产业发展大会在横店镇举行。

11月1日

东阳市全面取消“农业”与“非农业”户口性质划分,实行城乡统一的户口登记制度。户籍制度改革内容包括调整完善户口迁移制度,建立完善居住证制度,健全人口信息管理制度,同步推进配套公共服务政策调整。

11月5日

在舟山市嵊泗县召开的浙江省“美丽乡村”和农村精神文明建设现场会上,浙江省公布第一批浙江省“美丽乡村”示范县和示范乡镇名单,东阳市巍山镇成为第一批浙江省“美丽乡村”示范乡镇。

11月10日

第十一届中国(东阳)木雕竹编工艺美术博览会(以下简称“东博会”)暨中国(东阳)木雕红木产业发展大会在东阳中国木雕城开幕。100余名国家级、省级工艺美术大师，20余个省市的工艺美术协会和红木家具行业代表及采购商代表参加。开幕式上，中国林业产业联合会副会长王满、市委书记黄敏为浙江东阳木材交易中心授牌，中国工艺美术协会副会长王志杰和中国轻工工艺品进出口商会副会长李文峰为东阳木雕红木家具行业诚信促进会授牌；东阳市人民政府与宁波舟山港集团股份有限公司签订战略合作协议。东博会展览面积45万平方米，设有木雕、根雕、红木家具、竹编竹雕等1200个标准展位。东工美协会组团的东阳木雕、竹编、竹根雕、红木家具等65个企业和大师工作室参加博览会，展位95个。有91件（套）作品获奖，其中：特等奖15个、金奖32个、银奖34个、铜奖10个。首次增加旅游文创产品展区、G20作品展、古建园林展区、跨界艺术展区以及非遗美食展区。举办2016“中国的椅子”原创设计大赛、“中国空间”中国（东阳）新中式室内设计论坛暨首届新中式创意设计大赛启动仪式等与“工匠精神”“原创设计”“国艺传承”相契合的主题系列活动。

11月15日

第九届长三角投资发展论坛·长三角产业升级与中国制造2025战略峰会在苏州市举行，东阳市入选“长三角最强中国制造”县市（区）。

11月24日

东阳市入选2017年浙江省智能制造试点示范市县。试点方案名称“照明及新材料行业智能制造”。按照评价分档，获200万元省级财政资金支持，专项用于试点示范建设。

11月29日

2016年度“最美东阳人”颁奖典礼在东阳市广播电视台演播大厅举行。评选出张正良、张永进、张黎云、李金龙、陈立军、徐宏泰、徐晓群、楼跃进、潘大弟、中医院集体签下器官捐献志愿书的53名医务人员为2016年度“最美东阳人”个人和集体。

12月1日

东阳市实行职工医保个人账户家庭共济，个人账户历年结余资金，可用于支付参保人员配偶、子女、父母的医疗保障费用，实行家庭成员之间共济互助。

12月3日～8日

首届中国工美行业艺术大师评审会在东阳市举行，参评的传统工艺美术品种包括雕塑工艺品、漆器工艺品、抽纱刺绣工艺品、编织工艺品、地毯工艺品、金属工艺品、陶瓷工艺品、首饰工艺品、花画工艺品等11大类，全国各地（包括香港、澳门和台湾）346名大师申报参与评审会，参评作品1038件（套）。

12月5日

由中国—东盟中心、国家新闻出版广电总局电影局、浙江省新闻出版广电局主办，东盟财经社、六石街道办事处、东阳市润哲文化产业投资有限公司承办的“2016中国—东盟文化产能（电影）合作研修班”在东阳市举行开班仪式，为期7天。

12月12日

第一届全国文明家庭表彰大会在北京市召开。东阳媳妇周晓光家庭被评选为2016年全国文明家庭。

12月21日

浙江省环境保护模范城市考核验收组到横店镇、泗渡溪、市人民医院、市第二垃圾填埋场、广厦学院大气自动监测站、横锦水库、江滨人工湿地以及部分电镀洗染企业，对横店城市风貌综合提升、工业企业、固废治理、环境质量、饮用水等方面的情况进行现场检查，确认东阳市通过创建“浙江省环境保护模范城市”的考核验收。

12月26日～28日

中国共产党东阳市第十五次代表大会召开。大会选举产生中共东阳市第十五届委员会和纪律检查委员会。黄敏当选市委书记。

是年

▶东阳市完成建筑业总产值2386亿元，比上年增加157亿元，比上年增长7%，连续八年位居全国县级市首位，实现“八连冠”。东阳市有特级资质建筑企业6家，一级资质67家。

▶由横店影视城主导制定的《影视拍摄基地服务规范》被列为国家标准。于2017年3月正式在全国推广。

2017

东阳建市 30 周年大事记

首届世界东阳人发展大会　　（孙振华 / 摄）

2017 年 10 月 2 日，首届世界东阳人发展大会在东阳剧院开幕。

2017年

1月5日

在江苏省南通市召开的2016年度全国报刊广告经营工作总结大会上，东阳日报社经“金推手”奖组委会专家评审，获2016年度全国报刊广告“金推手”奖优秀单位奖。全国报刊广告“金推手”奖是国内广告业界最高奖，分为优秀集体奖、个人奖、单项奖。

1月9日

横店集团东磁股份有限公司董事长何时金与浙江大学团队共同发明的“低功耗高性能软磁复合材料及关键制备技术”获2016年国家技术发明奖二等奖。

1月13日

东阳市职业教育中心学校成立。市职业教育中心学校是东阳市技术学校和东阳市第二职校的整合。整合后的市职业教育中心学校设东阳技校校区和东阳二职校校区，占地20余公顷，建筑面积12万余平方米。

2月8日

在“感动中国”2016年度人物颁奖晚会中，东阳籍科学家潘建伟入选十大年度人物，是继孙炎明之后，第二位获评“感动中国”年度人物的东阳人。9月9日，2017未来科学大奖在北京市揭晓，潘建伟获“物质科学奖”。12月19日，潘建伟入选《自然》杂志2017年度十大人物。《自然》杂志以《量子之父》(FATHER OF QUANTUM)为题介绍潘建伟，将其称为“让量子通信驰骋于天地之间的物理学家”。

2月13日～17日

中国人民政治协商会议第十四届东阳市委员会第一次会议召开。会议选举产生新一届市政协领导班子，卜亚男当选政协第十四届东阳市委员会主席。

2月14日～18日

东阳市第十五届人民代表大会第一次会议召开。选举产生新一届人大常委会主任、副主任，人民政府市长、副市长，监察委员会主任，人民法院院长，人民检察院检察长。施侍伟当选市人大常委会主任，姚激扬当选市人民政府市长。

2月16日

陆光正工作室获“国家级技能大师工作室”称号，是金华市首个国家级技能大师工作室。

2月17日

位于横店客运中心的杭州萧山国际机场横店航站楼开通运营。杭州萧山国际机场横店航站楼于1月22日试运营，是萧山机场全省首家异地城市航站楼。横店航站楼提供机票购买、航班咨询、旅游咨询、乘机手续办理、行李托运、机场巴士等配套服务。实时更新萧山国际机场的航班情况，把乘客送到杭州萧山机场航站楼直接登机。乘客在横店可以领取当天杭州萧山机场出发的除国航、厦航、长龙、春秋以外的国内航班登机牌，办理托运等手续。

2月25日

在北京市举行的2017“三农”发展大会上，南马镇花园村邵钦祥获“2016中国农村新闻人物”称号。

2月28日

东阳市“最多跑一次”第一批事项清单447项对外公布。东阳市基层治理综合信息平台依托浙江政务服务网实行“4+X”的功能集成模式，“4”即“四个平台”功能模块，“X”即根据工作需要增设“最多跑一次”公共服务事项、“五水共治”、基层党建等特色模块。

3月1日

市城区医疗机构布局专项规划（2016～2020）论证会召开，对未来市各级医疗机构的规划方案进行论证，原则上通过此专项规划。

3月10日

▶国家新闻出版广电总局和文化部到东阳市开展《中华人民共和国文化产业促进法》立法调研。调研组走访横店影视城拍摄基地、圆明新园景区及东阳中国木雕城等地。听取东阳市文化产业的基本情况工作汇报，与东阳市影视、旅游、学校等文化企业负责人、专家进行座谈交流，对《中华人民共和国文化产业促进法》立法中产业范围界定、需要解决的核心问题、可借鉴的经验和具体的扶持帮助等方面内容征求意见和建议。

▶装配式产业化工人培训基地在市职业教育中心学校成立。装配式产业化工人培训基地是市职教中心和万科集团上海帆景建设工程有限公司共同孵化的成果，是国内首家功能较为完善、理实一体化的装配式建筑实训基地。

3月11日

同济大学东阳传统营造实习基地落户浙江东阳雄心营造技艺有限公司。

3月23日

农业部调研组一行到东阳市浙江普洛康裕生物制药有限公司、方圆农资连锁总公司案卢连锁店，实地考察制药企业产品二维码赋码入库情况、农资经营店农资监管信息建设情况，听取市政府关于创建国家农产品质量安全示范县(市)及农资监管工作情况汇报。

4月6日

金义东市域轨道交通东阳城东段征地签约仪式召开。城东街道雅溪村、东兴村、东升村村民代表签订征地协议。7月31日，金义东市域轨道交通东阳段客八区间(客运中心站至八华南路站)开始施工。8月18日，金义东市域轨道交通首批标段05标主体工程开工仪式在东阳市泗雅线05标段长隧道进口处举行，标志着东阳市境内所有先开段全部开工。金义东市域轨道交通项目线路总长107千米，设站31座，计划在2020年建成。东阳市境内设站8座（2座为地下站），分别为客运中心站、歌山路站、人民路站、会展中心站、体育馆站、高铁新城站、明清宫站、横店客运中心站，1个车辆段，设计时速120千米。

7月31日，金义东市域轨道交通东阳段客八区间施工
（孙振华/摄）

4月9日

“九康杯”2016中国美丽乡村百佳范例揭晓仪式暨农村改革与发展座谈会在北京市举行，南马镇花园村入选2016年度“中国美丽乡村百佳范例”。农业部等相关部门、新闻媒体、有关专家和入选美丽乡村百佳范例村代表等300余人出席会议。

全市剿灭劣Ⅴ类水和治危拆违誓师大会
（单冠定／摄）

4月14日

东阳市召开剿灭劣Ⅴ类水和治危拆违誓师大会，确定6月末完成劣Ⅴ类小微水体剿灭任务。各镇乡街道党（工）委书记递交剿灭劣Ⅴ类水和治危拆违军令状。6月29日，全市完成整治的584处小微水体，全部通过初验收。11月17日，通过省治水办复核验收。

4月15日

盛世天工·“一带一路”东阳木雕展创作思想研讨会在陆光正大师工作室召开。国务院参事王京生、深圳报业集团原总编辑兼深圳特区报总编辑王田良对创作主题构成、展览主题等提出建议。中国非物质文化遗产保护协会、清华大学、中央美院的专家、学者、艺术家，从政治、经济、文化、艺术角度出发，对展览的主题立意、创作构思、题材内容、作品表现等进行探讨。

4月20日

中天集团下属的钜银民间资本管理股份有限公司经理韦中总获全国五一劳动奖章。

4月

东阳市开展“治危拆违”工作，制定《关于加快推进城乡危旧房治理改造的实施意见》。至年末，全市有1000余个村开展危旧房拆除工作。

5月1日

首届“黉门”浙中儿童哮喘论坛暨全国儿童哮喘协作组“鲍一笑工作站”授牌仪式在市妇女儿童医院江北院区举行，是中华医学会儿科分会呼吸学组副组长兼全国儿童哮喘协作组组长鲍一笑在浙江省开设的首个工作站。

5月9日～10日

全省磁性材料“机器换人”智能化改造专题现场会在东阳市召开。全省各地200余名经信系统和企业代表参观横店集团东磁股份有限公司永磁十五厂数字智能化车间。市长姚激扬介绍东阳市推进磁性材料“机器换人”智能化改造主要做法和经验。

5月11日

在中宣部召开的“深化文化体制改革”座谈会上，第九届“全国文化企业30强”名单发布。华谊兄弟传媒股份有限公司被授予“全国文化企业30强”称号。

5月19日

市政府、省交投集团在杭州市举行义东永高速公路投资建设合作协议签约仪式。义东永高速公路全长33.27千米，总投资约88亿元。按双向六车道设计，设计时速100千米，是连接义乌市、东阳市、永康市的高速通道。项目起点位于甬金高速江北街道临江社区湖田附近，与义乌疏港高速公路连接，沿八华路，以高架方式穿越东阳城区，跨37省道改建工程，途经南马镇花园村、防军村，终于南马镇东湖村王店附近，与东永高速相接，设湖田、王店枢纽及东阳西、白云、画水、花园、南马互通5处。12月27日，召开义东永高速公路(东阳段)工程可行性研究报告审查会。

5月20日

▶三年一次的村社组织换届选举工作基本结束。该次村社换届，村两委班子职数减少483人，30名村书记主任“一肩挑”，交叉兼职189人，村民代表中的党员比例从上届的19%提升到41%，12名大学生村官被选进村“两委”班子。对14个行政村的党组织设置进行调整，将行政村党支部升格为党总支，下辖自然村设立若干党支部。全市发放“换届纪律提醒卡”32万份，从严从重从快查处违反换届纪律案件29起，党纪处分和治安处罚52人。

▶市城乡居民医疗保险工作会召开。2017年城乡居民医保设置两个缴费标准，标准一为个人缴费每人每年850元，标准二为个人缴费每人每年400元，两项标准财政均补助每人每年730元；在校学生和未成年人个人缴费为每人每年200元，财政补助每人每年730元。

▶摩拜单车东阳发布会暨全国首个“摩拜单车特色时尚之城”启动仪式在市民广场举行。宣布推广低碳、健康的骑单车出行方式。12月5日，东阳籍青年企业家摩拜单车创始人兼总裁胡玮炜出席肯尼亚首都内罗毕举行的联合国最高环境荣誉——“地

2017年5月20日，摩拜单车东阳发布会暨全国首个“摩拜单车特色时尚之城”启动仪式在市民广场举行 （胡扬辉/摄）

球卫士”颁奖典礼。摩拜单车获联合国环境署颁发的2017年度“地球卫士”（商界卓识奖）。这是该奖项设立13年来，中国企业首次获此称号。2018年1月31日，第15届风云浙商颁奖典礼在杭州市举行，胡玮炜入选。

摩拜单车获联合国环境署颁发的2017年度“地球卫士”（商界卓识奖）（图片来源于《东阳日报》）

5月25日

国家旅游局局长李金早到东阳市调研影视旅游产业发展和南马镇花园村创建国家AAAAA级旅游景区工作。

5月

美国有线电视新闻网（CableNewsNetwork）发布2017世界最佳过节旅游图片，由新华社浙江分社摄影部副主任徐昱拍摄的东阳市南马镇花园村航拍图入选。

南马镇花园村航拍图入选2017世界最佳过节旅游图片　（花园集团提供）

6月16日～18日

全国妇幼健康中医药工作推进大会在东阳市召开，500余家妇幼保健院的院长和专家参加会议。与会人员相互交流经验，学习研究“中医药＋妇幼健康”的“东阳模式”。

6月18日

东阳市篮球运动员单婉丽、厉金俊代表浙江稠州银行女篮参加“体彩杯”2017年李宁全国篮球青年锦标赛，获女子组冠军。

6月26日

参加2017第十届中国特色小镇高端总裁峰会暨第二届特色小镇产业运营峰会的国内知名企业负责人到横店镇，实地考察调研特色小镇标杆项目。

6月

▶欧洲物理学会授予东阳籍科学家陆朝阳2017年度菲涅尔奖，以表彰其在量子光源、量子隐形传态和光学量子计算方面的成就。

▶在《文化部艺术司关于公布2017年全国基层院团戏曲会演入选剧节目名单的通知》上,《英王徐策》以省内评审第一名的成绩,作为浙江省唯一入选剧目,受邀于7月16日~17日在北京人民大会堂参加两场演出。33年前,东阳婺剧《铁灵关》曾在北京人民大会堂和中南海等舞台演出;1991年,折子戏《三打王英》受邀于国家文化部参加"纪念徽戏进京200周年"演出;33年后,东阳婺剧《英王徐策》再次进京。

2018年1月8日,东阳婺剧《英王徐策》在北京人民大会堂演出　（图片来源于《东阳日报》）

7月12日

▶市委常委会审议通过《关于推进农房集聚区建设的指导意见(试行)》。农房集聚区项目选址原则上以城区以及横店、南马、巍山3个省级中心镇为主。集聚对象为:实施危旧房连片改造区域内的城乡居民;零星拆除的D级危房户和涉及公共安全的C级危房户;纯无房户(其中城市核心区范围内的纯无房户,原则上按照城中村改造政策执行);经认定,需实施下山移民、地质灾害隐患点搬迁和土地综合整治区域范围内的城乡居民;因城镇建设需要被征收为国有土地的城乡居民;经市政府批准同意的其他对象。前三类对象在所属村(小区)采用节地模式先行安置的前提下,仍无法得到有效安置的,方可参加集聚,享有优先安置的权利。

▶非洲乍得妇女能力研修班学员到东阳市考察交流。乍得妇女考察团到南马镇花园村考察新农村建设成果及经验,参观花园村村史馆、中国农民博物馆及花园村村容村貌,听取南马镇花园村的概况和妇女工作开展情况。考察团还参观中国木雕博物馆。

7月14日

亚太地区手工艺大师、中国工艺美术大师陆光正成为金华市工艺美术行业享受国务院政府特殊津贴的第一人。国家每两年选拔一次享受政府特殊津贴人员。对经批准享受国务院政府特殊津贴的人员,除颁发证书以外,由国家一次性发放2万元。

7月19日～20日

省委书记车俊到东阳市调研，考察横店影视文化产业实验区、横店影视城华夏园摄影棚、圆明新园，到南马镇花园村考察基层党建工作。

7月31日

国家旅游局公布首批10家“中国优秀国际乡村旅游目的地”，南马镇花园村入选，成为浙江省唯一获该称号的单位。

7月

“赛迪百强榜——县域经济100强（2017）”榜单发布，东阳市在全国县域经济100强排名中列第58位。

8月16日～17日

科技部调研组到东阳市考察文化和科技融合工作，组织召开国家级文化和科技融合示范基地工作座谈研讨会。调研组到横店影视文化产业实验区展厅、浙江红点影视有限公司影视后期制作工作室和影视拍摄基地等地，了解横店影视基地的发展历程和影视后期制作的创新发展状况。

8月18日

《东阳市高铁新城总体规划》（简称《规划》）通过论证。2016年11月，高铁站点确定设在东阳市槐堂村，市委、市政府作出建设高铁新城的部署。高铁新城位于东阳市中部，横跨城东街道、南市街道，北临东阳市区，南接横店镇区，处于“东横一体”的市域中心位置。《规划》分高铁经济合作区和高铁新城两个层次，其中高铁经济合作区面积为115平方千米，包括“一主两副”3个功能区（高铁新城功能区、东阳合作区、横店合作区）。高铁新城面积为23.31平方千米，东起城东街道白火上村（规划道路），西北达义东永高速公路，南北至山体。

高铁新城总体规划平面图　（图片来源于《东阳日报》）

8月23日

浙江省重点建设项目——浙江师范大学附属东阳花园外国语学校落成启用。市政府与浙江师范大学于4月17日签约合作共建浙师大附属花园外国语学校。学校总占地面积22.74公顷，总投资7亿元，设110个班级。2016年11月校园主体工程结顶。

浙江师范大学附属东阳花园外国语学校落成典礼　（市教育局提供）

8月24日

在温州龙湾国际机场，44名跨境电信网络诈骗犯罪嫌疑人被押解回国。其中24名犯罪嫌疑人被押送至东阳市。被抓的44人中，中国大陆籍犯罪嫌疑人27人，中国台湾籍犯罪嫌疑人17人，涉案金额2000余万元。

8月25日～26日

中国企业发展论坛特色小镇峰会在横店镇举行。横店四共委和横店影视城有限公司分别被授予“中国特色小镇国际合作交流（横店）基地”“中国文博产业发展联盟（横店）基地”；横店集团创始人、横店四共委主席徐文荣被聘请为中国文博产业发展联盟总顾问。

8月27日

2017全国青少年大众跆拳道俱乐部锦标赛暨第六届华东区跆拳道精英争霸赛在横店镇召开，东阳市代表队获54枚金牌、32枚银牌、24枚铜牌，为团体第一名。

9月13日

东阳籍运动员任梦茜在第十三届全国学生运动会上，获女子大学乙组撑竿跳项目冠军。

9月14日

国务院安全生产委员会第27督查组到横店镇，实地抽查南江壹号三期工程项目。督查组实地检查该项目施工现场安全防护措施和流程，危险品仓库仓储、出入库记录、标识设置、安全员管理等工作以及消防设施配备、安全隐患排查、安全台账落实等安全生产管理情况，听取该项目安全生产工作汇报。

9月14日～16日

国务院安委会安全生产大检查综合督查组到东阳市督查安全生产工作。督查组抽查浙江普洛康裕制药有限公司、影视烟火仓库、雅溪采石场和液化气储配站。

9月23日

中央美术学院驻浙江东阳传统工艺工作站建站工作会议暨揭牌仪式在东阳市召开，文化部非遗司司长陈通、中央美术学院党委副书记王少军出席会议，为传统工艺工作站揭牌。

9月25日

9名来自土耳其新闻总署和主流媒体的外宾到东阳市参观采访风土人情、民俗文化、工艺制造。

外宾参观中国木雕博物馆　　（胡扬辉／摄）

9月26日

▶《东阳市国家森林城市建设总体规划（2017～2030年）》在杭州市通过评审。

▶中国工艺美术大师、非物质文化遗产“东阳木雕”代表性传承人黄小明在中国国家博物馆展出从艺近40年的70余件个人木雕作品。

黄小明木雕作品在国家博物馆开展　　（图片来源于《东阳日报》）

▶“东阳味道”名菜名小吃评定结果发布。东阳土鸡煲、菜干焖肉等29道菜品为“东阳味道”名菜,东阳手工面、南马肉饼等31味传统小吃为“东阳味道”名小吃。

9月27日

▶国家发改委体改司到东阳市调研横店镇国家中小城市综合改革试点工作。调研组到横店镇春秋唐园景区、华夏摄影棚等地走访并听取相关汇报。

▶位于城区兴平西路428号的东阳银泰城购物中心开业。东阳银泰城作为高品质一站式购物中心,汇聚众多主流时尚标杆品牌,集成潮流零售、精品超市、特色餐饮、五星影院及娱乐配套等多种业态。

东阳银泰城　（市商务局提供）

9月

东阳元素亮相金砖五国峰会主会场。东阳市明堂红木家俱有限公司为该峰会提供3套主会议桌、供外国领导人使用的中式红木梳妆台、3套国宴厅屏风。

10月2日～3日

首届世界东阳人发展大会在东阳剧院开幕，大会以“拥抱乡贤·追梦乡愁”为主题,以乡情为根、文化为魂、发展为要。800余名海内外的东阳人、知名乡贤及曾经在东阳市工作过的部分领导参加大会。市委、市政府聘任潘建伟为“东阳形象大使”,表彰“东阳骄傲”“东阳贡献”“重教助学模范”,授予严陆光、潘德炉、麻生明、潘建伟、马佐平、徐文荣、陆光正、郭广昌为2017首届“东阳骄傲”称号;授予横店集团、花园集团、中天集团、华谊兄弟4家企业“东阳贡献”称号；授予王惕吾、陈和贵、王本道家族、陈云仙等东阳市“重教助学模范”称号；命名东阳中学前广场为“东阳骄傲”广场；成立“马生教育基金联盟”“和贵教育基金”“东阳江产业基金”。大会期间，举办实力东阳——实体经济机遇与展望高峰论坛、智汇东阳——新技术新应用论坛、学在东阳教育论坛三大主题论坛；召开首届世界东阳人发展大会投资环境推介会，推介会上，市招商局发布《东阳市投资环境报告》，高铁新城管委会推介高铁新城建设项目，市经信局介绍全市工业产业平台建设情况；举行重大项目签约仪式，集中签约13个项目，计划投资总额约255亿元。

东阳形象大使受聘仪式

（包康轩/摄）

智汇东阳——新技术新应用论坛

（包康轩/摄）

投资环境推介会　（包康轩/摄）

重大项目签约仪式　（包康轩/摄）

10月10日

▶“何品苏奖教基金”首届颁奖典礼召开，市外国语学校、外国语小学、实验幼儿园的117名优秀教师受到表彰。何品苏是东阳市第一代建筑民营企业家典型、劳动模范，曾获中国优秀企业家、中国诚信企业家、浙江省杰出民营企业家等称号。

▶花园商业中心举行开业典礼。花园商业中心位于南马镇花园村，工程总投资15亿元，总建筑面积26万余平方米，由4幢21层高层和22幢多层建筑组成，是集住宅、购物、餐饮、娱乐、健身、休闲于一体的综合性商业中心。

10 月 28 日

中国(横店)影视文化产业发展大会在东阳市举行。华谊兄弟获东阳影视功勋企业;印纪传媒、花儿影视、欢瑞世纪、横店影视、盟将威影视、正午阳光获东阳影视金牌企业;正午阳光、新丽传媒、天意影视、欢娱影视获 2017 年成长最快影视企业。

10 月 28 日 ~ 29 日

2017“花园红木杯”全国场地越野浙江联赛(东阳站)暨金优置地·萤火虫金融、南京丽州商贸全国冠军车手争霸赛在市体育公园举行。

2017“花园红木杯”全国场地越野浙江联赛(东阳站)　　(图片来源于网络)

10 月 30 日

▶东阳市在全省率先召开医共体建设动员大会,标志着东阳市医共体建设进入实施阶段。东阳市为全省医共体建设第一批试点县之一。根据市委、市政府联合印发的《关于推进城乡医疗健康服务共同体建设的实施意见 (试行)》, 全市为一个医共体, 由 6 家市级公立医院托管 18 家基层医院共同工作,并实行规章制度、技术规范、质量管理、信息系统、采购配送、后勤服务等“六统一”管理,统筹人员调配、薪酬分配、资源共享等,形成优质医疗资源上下贯通的渠道和机制。

▶2017 第 25 届新丝路中国模特大赛浙江总决赛在横店影视职业学院举行。32 名模特参加比赛,除冠军、亚军、季军外,还设置最佳活力奖、最佳身材奖等奖项。

10 月 31 日

《横店八面山森林公园总体规划修编(2017 ~ 2025)》方案原则通过专家评审。修编后的总体规划,主要包括影视剧组服务、横店后花园建设和宗教文化体验 3 个主题。根据规划,森林公园核心景观区位于八面山影视健身休闲区中心位置,主要包括八面山山体部分。

11 月 1 日

首届“十大城市礼品”和“十大旅游纪念品”评选现场 （黄鸣／摄）

东阳市首批“十大城市礼品”“十大旅游纪念品”名单出炉。芦苇做的白菜挂件、红花梨做的吉祥如意、竹子做的文房四件套、椴木做的台屏等 20 件体现东阳元素和旅游特色的产品入选。

11 月 3 日

全市学校规划建设工作推进会召开。市教育局负责人介绍《东阳市 2018 ~ 2022 年学校建设规划（讨论稿）》。根据规划，全市在吴宁街道、白云街道、横店镇、江北街道、南马镇等重点区域新建小学 14 所、初中 6 所；在非重点区域，采取扩建教学楼或利用空闲校舍来解决学位不足的现状。

11 月 10 日

为期 4 天的第十二届中国（东阳）木雕竹编工艺美术博览会（简称“东博会”）暨 2017 年中国技能大赛——全国家具（红木雕刻）职业技能竞赛总决赛在东阳中国木雕城国际会议中心开幕。东博会以“匠心智造、文化中国”为主题，融合传统工艺、非遗和国艺，设有木雕根雕、竹编竹雕、红木家具、古建园林、古玩字画、特色工艺品、文创文旅等展区。东博会期间开展“中国好空间”新中式家居设计大赛。100 余名国家级、省级工艺美术大师，20 余个省市的工艺美术协会和红木家具行业及采购商代表参会。

11 月 10 日 ~ 13 日

2017 年中国技能大赛——“明堂红木杯”全国家具（红木雕刻）职业技能竞赛总决赛由中国家具协会、中国就业培训技术指导中心、中国轻工业职业技能鉴定指导中心共同举办。东阳市以及广东深圳、广州番禺、广东中山、广东江门、福建仙游、云南昆明、京津冀涞水等 8 个分赛区选拔出的 120 余名选手参赛。东阳市选手获职工组金奖、银奖；院校组金奖、银奖、铜奖。

11 月 15 日

《徐更光传》赠书仪式在东阳中学举行。北京理工大学宣传部副部长、校史馆馆长、《徐更光传》一书作者王民介绍传记撰写情况。仪式结束后，东阳中学举行徐更光院士事迹报告会。

11月17日

▶阿里研究院公布2017中国“淘宝村”“淘宝镇”初步名单，在全国范围内拟入围2100余个“淘宝村”及240余个“淘宝镇”，东阳市歌山镇象塘夏楼村、西宅村，南马镇花园村、东湖村、南湖村、防军村6个村庄入选。

▶江北街道西范小区成立社会治理党员服务联盟，是东阳市首个社会治理党员服务联盟。该服务联盟由西范小区103名党员组成，设纠纷调解、治安巡防、工程维护、义工服务、巾帼服务、文艺宣传、红色护水、义务消防8个中队，党员根据自身特长开展治理服务，将责任落实到每个党员身上。西范小区居民1256人，小区及周边有企业200余家，外来人口3万余人。

11月22日～23日

第十五届中国建筑企业高峰论坛　（包康轩/摄）

第十五届中国建筑企业高峰论坛在东阳市召开，该论坛首次在县级市举办。论坛就如何将“中国建造”品牌提升至跟“中国制造”一样的全球化品牌展开高峰对话，中天集团和中国建筑科学研究院、海天集团和中国水利水电第十二工程局有限公司、广厦集团和中铁九桥工程有限公司、东阳三建和雅居乐地产置业有限公司、歌山集团和中国电建集团华东勘测设计研究院有限公司、新东阳集团和中铁一局集团有限公司签署企业战略合作协议。

11月29日

在第四届世界浙商大会上，东阳籍企业家华策影视集团总裁赵依芳和新疆通嘉集团董事长葛永品获第四届世界浙商大会全球浙商金奖。

12月2日

首届“木雕小镇”摄影大赛暨特色美食节在东阳木雕小镇开幕。美食节持续至12月4日结束，摄影大赛持续至12月17日结束。

12月2日～3日

文心匠意——民居营造技艺走进现代生活学术研讨会在东阳市召开。研讨会由中央美术学院、省文化厅、市人民政府、中国美术家协会建筑艺术委员会主办，中央美术学院驻东阳传统工艺工作站承办。

12月5日～6日

全国现场管理星级评价暨全国质量信得过班组经验交流会在厦门市召开，市供电公司光明电建设计室被授予2017年“全国质量信得过班组”称号。

12月8日

中国科协公布100家2017年示范院士专家工作站，花园生物公司院士专家工作站名列其中。这是金华市第二家获此称号的院士专家工作站。

12月11日

▶东阳市社会保障·市民卡在市人力社保局首发。市民卡具备社会保障、公共服务、小额支付、金融支付等功能。市民只需凭一张市民卡，就可以办理医保，进行购物消费，享受公共出行。市民卡工程是全市2017年政府十大民生实事之一。申领对象为东阳市户籍人口及在东阳市参加社会保险的常住人口。

▶《人民日报》头版开辟“寄语新时代”栏目，首篇刊发南马镇花园村稿件，通过花园村党委书记邵钦祥讲述的方式，诉说花园村的发展变迁与东阳市现阶段推行的产业植入，彰显“赶上了好时代”赋予的幸福生活。

12月14日

全国气瓶标准化技术委员会2017年年会在东阳市召开。这是瓶标委年会首次在东阳市召开，由浙江金象科技有限公司承办。年会通报瓶标委近两年工作及全国气瓶标准体系建设情况，介绍国家标准化管理委员会业务管理平台的操作要求，研究下一阶段气瓶标准化工作及标准体系建设等内容。

12月18日

由南马镇花园村花园集团、相关企业以及小区组成的5个代表团258名正式代表参加花园村总工会成立暨第一次代表大会。金华市总工会负责人授予“东阳市花园村总工会”牌子，浙江省首家村级总工会成立。

12月22日

2017全民国防教育万映计划年度总结表彰会在东阳市横店镇举行。中国广播电影电视联合会、中国电影基金会、国防教育办公室有关领导出席。表彰年度国防教育万映计划活动的先进单位和个人，横店影视城微电影作品《报告 我叫张国强》获二等奖，横店集团被授予全国首个“国防万映创新实践中心”称号。

12月23日

S217(39省道)东永二线十里头至官清段改建工程西岘峰隧道进洞施工。S217(39省道)改建工程起自白云街道十里头,设置西岘峰隧道至鳌溪,经高潮、黄坞口等村庄,至终点官清岭,与新310(37省道)相连,全长12.3千米,同步建设40省道连接线3.4千米,共计15.7千米,主线六车道一级公路标准,设计时速80千米。

12月24日

"野风·坤雅源"第三季《中国新歌声》全国城市海选东阳(横店)赛区启动仪式在好乐多广场举行。50名选手参加第一场预选赛,其中25名晋级复赛。《中国新歌声》是由《浙江卫视》联合星空传媒旗下灿星制作打造的大型原创专业音乐节目。2018年5月12日,"野风·坤雅源"第三季《中国新歌声》全国城市海选东阳(横店)赛区决赛在东阳剧院举行。东阳(横店)赛区冠亚季军产生,张岩获冠军,稠薪安获亚军,李颖获季军,申屠非凡、陈瑜桦、杨钰潇入围前六强。

12月26日

东阳市首次举办企业与科技资本对接会,为企业搭建合作平台,促进企业与资本和科技的深度融合,助推经济发展。中金公司、南华基金等20余家投资机构和16家证券公司,以及野风药业、卓木王红木等30余家企业参加对接会。

12月27日

东阳市入选民政部公布的全国农村社区治理实验区。实验时间从2018年1月至2021年1月,为期三年。

12月28日

"丝路华章"陆光正从艺60年东阳木雕大展在中国国家博物馆开幕,展出近百件由陆光正和徒弟们创作的以"一带一路"倡议为主题的木雕作品。整个展览分三大篇章,展示"一带一路"倡议所取得的成果,直观反映东阳木雕60年发展历程。

"丝路华章"陆光正从艺60年东阳木雕大展

(图片来源于网络)

12 月 29 日

由市民政局、市慈善总会、市邮政分公司等部门团体合作建设的东阳市首批 5 家“邮善邮乐”慈善超市开业。慈善超市是以社会公众自愿无偿捐助为基础，借助超级市场管理和运营模式，为困难人群提供价廉物美的商品和志愿服务的社会服务机构，是城乡基层公益慈善综合服务平台。

12 月 31 日

红星美凯龙东阳白云商场开业。红星美凯龙东阳白云商场是东阳市首家大型家居购物中心，集家具、建材、灯饰、软装、家纺为一体，购物、休闲、娱乐、餐饮等综合功能为一身，为消费者提供家居生活领域“一站式”购物平台。

12 月

在东阳市通往诸暨市的 S211 诸东线定光公园段，东阳市首个具有休闲、观光等功能的公路驿站投入使用。该驿站 9 月开始进场施工，投资 60 万元。

首个公路休闲驿站投入使用　　（图片来源于《东阳日报》）

是年

东阳市财政总收入首次超过百亿元大关，达到 100.88 亿元，比上年增长9.2%。

2018

东阳建市 30 周年大事记

横店通用机场通航首飞　　（黄　鸣/摄）

2018 年 3 月 24 日，横店通用机场通航首飞，标志着机场正式启用。

2018年

1月8日

在北京人民大会堂召开的2017年度国家科学技术奖励大会上，东阳籍科研工作者金黎平、奚国华、朱丹华、陈杭君、胡福良获奖。

1月11日

在美国举行的量子电子物理学大会上，东阳籍科学家潘建伟被授予国际激光科学和量子光学领域大奖——兰姆奖，潘建伟是第三位获此大奖的中国籍科学家。4月，潘建伟入选《时代周刊》2018年全球一百位最具影响力人物名单。

1月12日

市政府明确从2017年12月1日起，东阳市最低月工资标准由上年的1660元调整为1800元，非全日制工作最低小时工资标准由15.2元调整为16.5元。

1月22日

民政部印发《关于确定首批全国农村幸福社区建设示范单位的通知》，南马镇花园村被评为“全国农村幸福社区建设示范单位”。

1月23日

东阳市四价宫颈癌疫苗开始接种。宫颈癌疫苗又称HPV疫苗，该疫苗通过预防HPV病毒感染，进而有效预防宫颈癌的发病，可防止人体感染疫苗所涵盖的人乳头状瘤病毒亚型变异。

2月24日

在杭州市召开的省委农村工作会议上，东阳市被评为2017年社会主义新农村建设优秀县(市区)。

3月6日

由省会展行业协会、市商务局、南马镇镇政府主办的首届中国(东阳)夏凉枕头小件产品博览会暨全国席品交易会(简称“东阳枕博会”)在南马镇东湖村开幕，为期6天。东阳枕博会布展面积1.2万平方米，国内16个省市地区200余家企业参展，接待上千名国内外采购商，其中包括义乌阿拉伯商会的客户。东阳枕博会期间，东湖村接待国内外游客、客户2万余人次，成交额2.7亿元，其中国外采购商成交额近500万元。

3月8日

第十三届全国人大第一次会议浙江代表团全体会议向中外媒体开放。在记者提问环节，省长袁家军首先向中外媒体记者介绍浙江省情，提到浙江改革发展的“七张名片”，其中重点举例介绍横店影视基地。横店影视基地成“文化软实力”象征。

3月14日

人力资源社会保障部、中国轻工业联合会和中华全国手工业合作总社发布《关于表彰全国轻工行业先进集体劳动模范和先进工作者的决定》，东阳市东艺工艺品有限公司总设计师施德泉（已故）获“全国轻工行业劳动模范”称号。

3月22日

由浙江交工承建的金义东市域轨道交通05标段东明隧道进行首次爆破作业，全面开启双隧道施工状态。

3月24日

东阳横店通用机场通航首飞，标志着机场投入使用。横店通用机场总投资约10亿元，占地面积34.76公顷，飞行区级为2B，设计最大机型为Y12，跑

东阳横店通用机场通航首飞　（黄鸣/摄）

道长800米，宽45米，由两条垂直滑行道连接停机坪，机坪面积1.2万平方米，可同时停放24架飞机。横店通用机场是金华地区的第二个机场。2012年，横店通用机场启动建设。2017年12月26日，取得中国民用航空华东地区管理局颁发的《通用机场使用许可证》，机场类别为A1类。

3月29日

在全省建设平安浙江工作会议上，东阳市平安建设连续12年创“平安市”，被授予“平安金鼎”，先后四次问鼎成功。省委、省政府每年开展平安市、县（市、区）创建命名工作，对平安市、县（市、区）予以通报表扬并授牌。对连续3年、6年、9年、12年达到平安市、县（市、区）标准的分别授予“平安鼎”“平安铜鼎”“平安银鼎”“平安金鼎”。

3月

▶东江源省级自然保护区获批，成为东阳市首个自然保护区和优美生态环境的金名片。东江源省级自然保护区地处东阳江镇八达溪流域，大盘山脉北麓，属浙东低山丘陵区，紧邻浙中盆地区，地势陡峻，溪壑纵横，为构造侵蚀低山地貌，海拔160米~848米，最高峰牛背岩海拔847.5米，最低处为横锦水库。

▶东阳市企业退休（职）人员养老金预发执行新标准，退休人员每月能领取更多的预发养老金。企业退休（职）人员养老金计发与退休时全省上一年度在岗职工平均工资、当年个人账户记账利率、当年退休人员计发办法有关。在养老金当年计发办法和对应的相关参数尚未明确前，当年度退休人员的养老金先执行预发标准，待计发办法出台后再重新计发。如2017年：缴费满15年不满30年，预发金额为1000元/月；缴费年限满30年不满40年，预发金额为1500元/月；缴费满40年以上，预发金额为2000元/月。

4月3日

金华市重大项目集中开工仪式在东阳市南马镇花园村举行。金华市参加集中开工活动的重大项目63个，总投资769亿元。东阳市参加集中开工的项目7个，总投资110.2亿元。

4月3日~4日

水利部督查组到东阳市督导河长制工作。督查组走访横锦水库、城东街道李宅社区、江北街道浪坑溪等地，检查治水和河长制工作落实情况。督查组对东阳市水系连通工程、河道“四不”生态理念治水及“两江问水”宣传等亮点做法给予肯定。

金华市重大项目集中开工仪式　（包康轩/摄）

4 月 4 日

在省文明办召开的全国文明城市创建座谈会上，东阳市获由中央精神文明建设指导委员会下发的“全国文明城市提名城市（县级）”证书。

4 月 10 日

全市“五城同创”暨全国文明城市创建考核工作协调会召开。会议讨论研究《进一步完善共建街共建制度工作方案》《开展星级卫生文明小区创建活动方案》等 2018 年度“五城同创”及全国文明城市创建考核工作事项。

4 月 18 日

国家卫生城市复审总结表彰暨全国文明城市创建动员大会召开。会议对市卫生城市复审工作进行总结表彰，向全市人民发出创建全国文明城市的动员令。

4 月 19 日

横店轨道交通项目签约仪式在横店镇举行。横店集团创始人、横店文化产业奠基人、横店四共委主席徐文荣与浙江金控单轨交通技术股份有限公司负责人在《单轨交通投资合作协议》上签字，标志着横店单轨交通建设将进入实质性阶段。5 月 29 日，浙江金控单轨交通技术股份有限公司（简称“金控公司”）横店单轨建设指挥部在横店镇挂牌成立。环横店影视城景点单轨交通旅游观光线项目建设进入新阶段。横店单轨建设指挥部成立后，金控公司首期入驻包括 30 至 50 名外籍单轨专家在内的设计、市场管理、实验调试团队。

4月20日

以“万人工匠、弘扬鲁班”为主题的2018中国·花园红木家具展销会在南马镇花园村花园红木家具城广场开幕。

2018中国·花园红木家具展销会　　（包康轩/摄）

4月26日～27日

全省打赢蓝天保卫战工作现场会在东阳市召开，全省各地环保系统的180余名与会代表参观浙江花园生物高科股份有限公司、市旭东工艺品有限公司、横店集团东磁股份有限公司永磁十五厂、市联谊金银线有限公司，现场了解企业VOCs深度治理、煤气发生炉淘汰等情况，观摩机动车遥感监测＋无人机巡测演示。

4月

东阳市2人入选浙江省首批“万人计划”。其中，浙江新东阳木雕有限公司黄小明入选传统工艺领军人才，浙江联宜电机有限公司方广忠入选高技能领军人才。

5月3日～5日

金华市副市长、东阳市委书记黄敏率队赴四川省阿坝藏族羌族自治州理县，对接调研扶贫协作工作。东阳市向理县现场捐赠对口援建资金；市政府、横店镇、南马镇花园村与理县县政府及相关镇村签署市县对口协作框架协议及镇村结对协议。

5月7日

第二期浙江省海外示范性侨团侨领高级研修班学员到东阳市考察，54名来自阿联酋、意大利、俄罗斯等30余个国家和地区的浙江海外示范性侨团侨领参加。

5月11日

2018年度浙中生态廊道项目推进会召开，市生态廊道绿道项目完成清表55千米。东阳市生态廊道绿道项目东阳江、白溪江总长度149千米。其中新建132千米，改进17千米。南江湖溪、横店和画水段全长79千米，柽溪江南马千祥段、南江南马段全长75.35千米。

5月14日

中国轻工业联合会公布第七届中国工艺美术大师名单。施德泉、徐土龙、包天伟3名东阳籍工艺美术大师上榜。

5月25日

罗马尼亚苗韦尼市市长伊昂·杰奥杰斯库到东阳市走访参观陆光正创作室。在陆光正创作室，罗马尼亚苗韦尼市市长代表团参观展示厅和非遗精品馆，到木雕作品创作现场了解木雕技艺。

5月26日

▶同济十院医疗集团高峰论坛在横店镇举行，全国15个省区市、52家集团成员单位的430余名医院管理人员参加。该论坛设置5个平行分论坛，同济十院医疗集团的成员单位相关专家围绕院办管理、人才管理、医务管理、心血管疾病、放射影像等内容，和与会人员进行交流。

▶东阳市最南端的千祥镇岭脚村，经南马至城区的城乡公交车开通，路程约50千米，结束岭脚村没有直达东阳城区公交车的历史。

5月30日

西气东输东磐支线开工仪式在湖溪镇上红湖村南湖田举行。东阳—磐安天然气管道工程是全省天然气“县县通”专项行动建设计划的重要组成部分，属于2017年省重点建设项目。该项工程起于金丽温输气管道金衢段配套工程东阳支线东阳末站，依次途经吴宁街道、城东街道、横店镇、湖溪镇、马宅镇、千祥镇，磐安县深泽乡，止于磐安县磐安末站，线路总长37.2千米，其中东阳境内34.2千米，设横店分输站、屠梁阀室、祥旺阀室。

5月31日

第四届中国(东阳)木雕红木家具交易博览会(以下简称“红博会”)开幕。红博会为期4天,由东阳中国木雕城和市红木家具市场联合承办,在东阳中国木雕城国际会展中心设置4个展厅。

5月

住房城乡建设部等部门发文，同意444个中国传统村落技术文件备案并列入2018年第一批中央财政支持范围。巍山镇白坦村和虎鹿镇夏程里村入选,中央财政按每村300万元的标准提供补助。